AF625695

Hülsstraße um 1960, als die spätere Fußgängerzone noch für Autos befahrbar war.

Marl
gestern und heute

Ovelheider Weg (rechts). Mit einem Demonstrativ-Bauvorhaben wird in den 1960er-Jahren ein neuer Stadtteil errichtet.

Gert Eiben & Christian Schiltz

Marl *gestern und heute*

Eine Zeitreise in faszinierenden Bildern

SUTTON

Inhalt

Einleitung

Marl kann nicht mit einer langen, aufregenden und wechselvollen Geschichte glänzen, es hat seinen erstaunlichen Wandel in gerade einmal einhundert Jahren vollzogen. Gleichwohl ist das ein Zeitraum, der einen Rückblick lohnt auf eine Stadt, die noch immer um ihr Zusammenwachsen ringt.

Marl wurde mit Beginn des 20. Jahrhunderts von einem beschaulichen Örtchen zu einem rasch wachsenden Industriedorf mit einer wirtschaftlichen Monostruktur. Die damals erwartete Entwicklung zu einer Zechen-Großstadt nahm jedoch mit dem Bau eines Chemiewerks Ende der 1930er-Jahre eine überraschende Wende. Der daraus entstandene „Chemiepark" dominiert heute die Stadt, die letzte Zeche wurde bereits Ende 2015 geschlossen.

Der Zuzug der Arbeitsmigranten löste seit etwa 1910 einen Umbruch im sozialen Gefüge der Gemeinde aus. Für die Bergleute wurden neue Wohnviertel auf die grüne Wiese gesetzt (genauer: in die spärliche Heidelandschaft), der historische Ortskern wurde an die neuen Verhältnisse angepasst, die Straßen wurden für Straßenbahn und Auto verbreitert. Der Kleinhandel breitete sich aus, die Zahl der Handwerksbetriebe nahm zu und eine Reihe größerer Wohn- und Geschäftshäuser überragten bald die alten Fachwerkhäuser. Sogar ein Krankenhaus wurde bereits 1914 in Aussicht gestellt und 1923/28 gab es ein Konzept für eine Stadtentwicklung mit 120.000 Einwohnern.

Mit der Erhebung Marls zur Stadt 1936 wurden in nationalsozialistischer Zeit neue Pläne entwickelt. Die Bergstraße sollte als zentrale Ost-West-Achse die relevanten öffentlichen Gebäude aufnehmen. Für eine Realisierung fehlte aber das Geld.

Zum Ende des Zweiten Weltkrieges war Marl kein Trümmerfeld. Von den 13.800 Wohnungen im Amtsbezirk waren 7.769 beschädigt und 1.245 total zerstört, 2.300 Wohnungen konnten noch im Jahr 1945 wiederhergestellt werden.

In den folgenden 20 Jahren bestimmte Bürgermeister Rudi Heiland die Neuorientierung Marls. Mit dem Stadtplaner Dr.-Ing. Günther Marschall an seiner Seite war er der Initiator einer auf die Zukunft ausgerichteten modernen Stadt – und strebte keinen traditionalistischen Wiederaufbau an. Im Vordergrund standen sozialer Wohnungsbau und einfache Gebrauchsarchitektur, die schnell die Bedürfnisse der Menschen bedienen konnten. Das Konzept neuer, in sich geschlossener Wohngebiete trug bis in die 80er-Jahre, daneben erhielt die Stadt ein paar architektonische Akzente.

Gleichzeitig wurde der Bau einer Stadtmitte vorangetrieben, deren Standort der Direktor des Siedlungsverbandes Ruhrkohlenbezirk (SVR), Philipp Rappaport, bereits in seinen Planungen 1923/28 vorgesehen hatte. Ein Geschäfts- und Verwaltungszentrum sollte in den 1970er-Jahren der pulsierende, unverwechselbare Mittelpunkt Marls werden.

Die Entwicklung zur modernen Industriestadt ging mit dem Wunsch nach einem „verkehrsgerechten" Gesicht einher. Doch in den alten Zechensiedlungen änderte sich oft nur

Marl um 1905.

wenig, weil die Straßen hier nicht für den Verkehr optimiert wurden und so heute ein Bild aus der früheren Marler Zeit vermitteln.

Somit haben Krieg, gesellschaftliche Umbrüche, technische Entwicklungen und politische Zielsetzungen höchst unterschiedliche Spuren im Stadtbild hinterlassen. Erst ein unmittelbarer Bildvergleich zeigt die zahlreichen Veränderungen in Infrastruktur und Wohnlandschaft. Dem Ortskundigen fallen so die Unterschiede auf, die er im Alltag vielleicht als Selbstverständlichkeit kaum noch wahrnimmt und die ihm erst beim Vergleich mit dem historischen Bild bewusst werden. Das kann zu einer anderen Bewertung der Gegenwart führen.

Nicht selten ist die Vielfältigkeit der alten Gebäude inzwischen einem Fortschrittsglauben zum Opfer gefallen, der eine schnörkellose und schlichte Gradlinigkeit bevorzugt. Die Stadt wird von Fremden auch als ein einziger großer Verkehrsraum wahrgenommen mit einer Kulisse von mehr oder weniger variablen Bauten.

Die meisten Fotos dieses Buches sind bislang unveröffentlicht. Sie dokumentieren den Charakter eines Dorfes sowie die später folgenden modernen Arbeitsviertel des Bergbaus und zeigen die autogerechte Stadt sowie ihr Aufblühen mit einem neuen Wohnungsbau. Beeindruckende Bildpaare stehen für die ganze Bandbreite: vom Wiedererkennen des aufbewahrten Altvertrauten bis zum „nicht mehr Wiedererkennen" des bis zur Unkenntlichkeit Veränderten. Bei manchen Straßen ist es kaum zu glauben, dass es sich um dieselbe Ansicht/Perspektive handelt.

Freunde des modernen Marl sehen hier den Wandel, den die Stadt in wenigen Jahrzehnten durchgemacht hat. Verehrer des alten Marl werden an die „gute alte Zeit" und an Erlebnisse erinnert und bekommen den Charme der Vergangenheit noch einmal vor Augen geführt.

Für alle Betrachter ist es eine Zeitreise in faszinierenden Bildern mit zahlreichen Überraschungen, Erinnerungen und Vergleichen.

Hochstraße: „Op'n Berge“

Zu den drei zentralen Straßen des Örtchens Marl gehörte neben der Loestraße und der Bachstraße („Beckstroat“, heute Breite Straße) die Hochstraße (rechts: Hochstraße 13). Der Name spielt auf den leichten Anstieg in Richtung Osten, also Richtung Recklinghausen an, deshalb wurde die Straße von den Marlern zunächst „Op'n Berge“ genannt. Auf dem Foto (Mitte 1900er-Jahre) ist bereits eine Abgrenzung des Fußgänger- vom Fahrbereich erkennbar, beides nur mit einer dünnen Decklage versehen. Die Straße war für die wenigen Pferdefuhrwerke und Schiebkarren ausreichend breit. Die großen Linden und Kastanien vor den Häusern unterstreichen den dörflichen Charakter.

Von den Gebäuden ist heute nur noch das letzte Fachwerkhaus vor der St.-Georgs-Kirche erhalten, damals ein Buch- und Schreibwarengeschäft. Nicht zu erkennen ist, dass zwischen Kirche und der links vorbeiführenden Straße damals noch ein extrem schmales Gebäude

stand, die alte Gaststätte „Bügeleisen“. Die 1856/59 abgerissene und dann vergrößert wieder aufgebaute St.-Georgs-Kirche trug zunächst keine Uhr am Turm, sie kam erst Anfang 1927 dazu und wurde inzwischen wieder entfernt.

Auf der alten Hochstraße steht der Postbote vor der Marler Posthalterei. Zunächst auf der hier gezeigten Straßenseite, Mitte der 1840er-Jahre wurde sie auf die andere Seite (Hochstraße 8) verlegt. Angeliefert wurde die Post zweimal täglich mit der Kutsche aus Dorsten, verteilt wurde sie zu Fuß in einer festgelegten Reihenfolge von Hof zu Hof. Im Oktober 1912 wurde das kaiserliche Postamt in der Loestraße 22 eröffnet.

Die immer weiter verbreiterte Bundesstraße B225 erschwerte im Laufe der Zeit die Entwicklung der Geschäfte an der Ortsdurchfahrt.

Breite Straße: Kornbrennerei Prost

Eine romantische Szene kurz nach der Jahrhundertwende (Breite Straße 1). Von einer „breiten" Straße kann noch keine Rede sein. An der Ortsdurchfahrt dominierte (Foto: 1906) die Kornbranntweinbrennerei und Preßhefefabrik Heinrich Prost mit ihrer Gastwirtschaft, dem Stammlokal der Marler Handwerker. Über das Hausdach hinaus ragte der „Prost'sche Finger", der Schornstein der Brennerei, der ein „Markenzeichen" Marls war, hier wegen der Perspektive aber kürzer erscheint. Brennereibesitzer Heinrich Prost war bis Mitte 1923 auch Vertreter des Amtmanns im „Behinderungsfall" (unbesoldeter Beigeordneter). 1971 wurde die Brennerei abgerissen, das Haus an der Breiten Straße musste einer großzügigen Ortsdurchfahrt Platz machen. Daneben entstand der breite Anschluss an die Ophoffstraße.

Rechts schloss sich die Bäckerei Wernery an, gegründet im Dezember 1849 durch Johann und Elisabeth Wernery. 1927 führte Hans Tüshaus sie als „Café Tüshaus“ weiter, im Mai 1972 wurde das Gebäude abgebrochen.

Rechts ragt eine Ecke der Gastwirtschaft „Bügeleisen“ ins Bild, die zwischen der Straße und dem Kirchhof stand. Im 18. Jahrhundert wurde in dem schmalen Haus Schulunterricht erteilt, 1797 kaufte es Johann Ader. Er wurde Zöllner und erhob die Straßenbenutzungsgebühren, 1830 richtete er hier eine Schankwirtschaft ein. Sein Schwiegersohn Josef Halstrick führte den Ausschank weiter und baute eine Küche an. Wegen der neuen Grundrissform erhielt das Gebäude im Volksmund den Namen „Bügeleisen“. Das Haus musste schließlich den neuen Straßenbahnschienen weichen und der Wirt zog 1920 einige Meter weiter in das Eckhaus Hoch-/Loestraße. Den Namen „Bügeleisen“ nahm er mit.

Hochstraße: mit Schienenverkehr

Die Hochstraße in den späten 1920er-Jahren. Inzwischen sind zwei Paar Straßenbahnschienen verlegt worden (rechts: Hochstraße 15). Am 29. August 1915 eröffneten die Vestischen Kleinbahnen die Strecke von Recklinghausen nach Marl, die Fortsetzung nach Dorsten erst am 1. Februar 1921. Am 29. Mai 1960 wurde die Strecke von Recklinghausen über Marl nach Dorsten wieder eingestellt.

Die Straße war bereits 1920 an die neuen Verkehrsbedürfnisse angepasst worden und hatte Kopfsteinpflaster und einen hohen Bordstein erhalten. Der Fußgängerweg war weiter unbefestigt. Um Platz für die vielbefahrene Bundesstraße zu schaffen, mussten in den 1960er- und 1970er-Jahren die Häuser auf der linken Straßenseite weichen.

Das helle Haus auf der rechten Seite des alten Fotos ist Kottmann's Hüsken, in dem später die AOK ihren Sitz nahm. Auf der gegenüberliegenden Straßenseite ist der Zaun zu erkennen, der das Gelände der 1797 erbauten ersten Marler Schule abgrenzte. Hier unterrichteten im Jahr 1853 Schulvikar Leinemann und Lehrer Peter Fleckner 320 Kinder in zwei Klassen. Die Schule wurde 1957 abgerissen.

Ein Stück weiter auf der linken Seite ist die frühere Poststelle zu sehen. Die Postreiter des Großen Kurfürsten benutzten bereits 1646 den Postweg der Linie Kleve–Berlin und kamen dabei zweimal wöchentlich über Marl.

Das letzte Haus vor der Kirche auf der rechten Seite hieß damals zunächst „Gastwirtschaft zum Bügeleisen". Die Buchhandlung Meisterernst war zuvor in die Loestraße 8 umgezogen. Der Kirchturm von St. Georg dominiert Alt-Marl.

ELISABETH-APOTHEKE

Loestraße: repräsentative Apotheke

Ein repräsentatives Haus entwarf der Architekt Heinrich Bröker für den Apotheker Richard Birkenbusch. In der Loestraße 4 eröffnete dieser 1905 die Elisabeth-Apotheke. Der gesellschaftlich engagierte Apotheker benannte sie nach seiner Frau, die auch 1911 Schützenkönigin war. Seit Juli 1987 steht das Haus unter Denkmalschutz. Die Jahreszahl „1906" unter dem Giebel wurde bei der denkmalgerechten Instandsetzung 2002 hinzugefügt.

Das Haus in typischer Architektur der Gründerzeit mit vereinzelten Elementen des Jugendstils stand an Marls „Hauptgeschäftsstraße" und beherbergte die erste Marler „Vollapotheke". Früher brachte der Arzt oder der Postkutscher die notwendigen Arzneien, bis 1895 der Dorstener Apotheker Hubert Struff die Genehmigung erhielt, in Marl eine Zweigstelle mit Provision zu betreiben. Diese Filiale befand sich im Hause Becker (später Wesselbaum, Schillerstraße). Birkenbusch übernahm sie 1904, im nächsten Jahr zog er in die Loestraße um.

Der Apotheker war auch politisch engagiert und wurde 1913 in die Gemeindevertretung gewählt und 1915 wiedergewählt. Im März 1919 zog er für das Zentrum in das politische Gremium, überwarf sich allerdings mit seiner Partei und schied im September „aus geschäftlichen Gründen" aus, um sich ganz seinem Beruf zu widmen.

Das Gebäude sieht heute noch so aus wie vor hundert Jahren (Foto: um 1915) und ist ein seltenes Stück Marler Stadtgeschichte.

Hülsstraße: Kaiserliches Postamt

Als im Februar 1902 die Gemeindevertretung von Recklinghausen-Land den Namen „Hülsstraße" festlegte, war das nur ein Weg, der von der Bauernschaft Löntrop in die Hülsheide führte (rechts: Hülsstraße 17). Erst 1910 wurde die Ortsbezeichnung „Hüls" für den Bereich der Zeche Auguste Victoria und der südlich und westlich entstehenden Wohnbebauung (bis dahin: Löntrop) beschlossen. An der Hülsstraße hielten die Händler zunächst auch einen Wochenmarkt ab, dann entwickelte sie sich in einem „amerikanischen Tempo", wie eine Zeitung schrieb, zu einer bedeutenden Geschäftsstraße, gesäumt von Bäumen.

Das alte Foto (um 1910) zeigt rechts das Postamt der Kaiserlichen Postverwaltung, das im April 1904 eröffnet wurde (Hülsstraße 17). Daneben, in einem der ersten Häuser an der Hülsstraße, befand sich das Warenhaus von Otto Lechtenböhmer. Es führte laut Beschriftung am

Haus ein breites Sortiment von Herden, Öfen, Leder-, Korb-, Kurzwaren, Fahrrädern, Uhren, Tabak usw. und bot sich als Beerdigungsinstitut an. In der nördlichen Haushälfte eröffnete Franz Rohland sein Geschäft.

Das Gebäude am Kopfende, wo die Hülsstraße auf die Victoria- bzw. Bergstraße (die damals noch Bachstraße hieß) stößt, beherbergte das „Café Heinz Grewe“.

1927 ließ die Gemeinde die Fahrbahn asphaltieren, nachdem sie bereits einige Zeit zuvor verbreitert worden war. In den 1930er-Jahren mussten die schattenspendenden Bäume, die fast alle von der Ulmenkrankheit befallen waren, gefällt werden und wurden durch Linden ersetzt.

Mittlerweile ist die Hülsstraße eine Fußgängerzone, seit 1979 mit einem durchgehenden gläsernen Arkadenband vor den Geschäften.

Bachstraße: beschauliche Allee

Die beschauliche Wohn- und Geschäftsstraße hat in den letzten hundert Jahren eine Wandlung erfahren, die ihren ursprünglichen Charakter heute nicht mehr erahnen lässt (rechts: Bergstraße 15). Es begann damit, dass die Straßenbreiten an die Erfordernisse der Zeit angepasst wurden. Nun standen die Bäume im Weg und wurden entfernt. Die Bürgersteige wurden schmaler, weil ab 1914 Platz für Straßenbahnschienen gebraucht wurde, die in Richtung Osten bis Sinsen (und weiter nach Recklinghausen) und später nach Westen bis Alt-Marl führten.

Auf der Südseite (altes Foto rechts, 1910er-Jahre) steht bereits eine geschlossene Häuserfront. Hier befanden sich zeitweise die Hülser Spar- und Darlehnskasse, die Praxis des ersten Hülser Zahnarztes Dr. med. dent. Arthur Rütter sowie die erste Hülser Apotheke („Glückauf-Apotheke").

Die vier Häuser auf der Nordseite (altes Foto rechts) überstanden den Zweiten Weltkrieg unbeschadet und wurden Ende der 1950er-Jahre abgerissen, weil es den Stadtplanern angebracht schien, ein modernes, großzügiges Gegenstück zur Geschäftszeile auf der anderen Straßenseite zu bauen. Die heimelige Enge der Vergangenheit wich der Weitläufigkeit amerikanischer Vorbilder. So machten es auch die anderen Städte des Ruhrgebietes, die ihren Innenstädten das vertraute, organisch gewachsene Gesicht nahmen und alle alten Maßstäbe über den Haufen warfen. Der neue Maßstab war das Auto. Auf der Nordseite der Straße wurde so als Erstes ein modernes Wohn- und Geschäftshaus (mit der Kreissparkasse) an der Ecke Römerstraße errichtet, das einen breiten Vorplatz erhielt. 1960 entstand daneben das Hochhaus der Stadtsparkasse (ab 1975 Kreissparkasse). Daran schließt sich heute der moderne Neubau der Volksbank an, der genau gegenüber der Einmündung der Hülsstraße steht.

Im Örtchen: neues Pastorat

Das Pastorat war im 20. Jahrhundert eines der ältesten noch erhaltenen Häuser von Marl (Im Örtchen 7). Die Namen der Pfarrer, die hier wohnten, sind seit 1792 (Pfarrer Joseph Clemens Wiemann) bekannt. Schon 1854 sollte es abgerissen werden, doch dieses Vorhaben scheiterte an Geldmangel. Stattdessen wurde es noch einmal gebraucht für die Zeit, als die St.-Georgs-Kirche durch einen Neubau ersetzt wurde. Für 191 Taler wurde die Scheune, links vom Wohnhaus, für drei Jahre als Notkirche hergerichtet und Aschermittwoch 1856 geweiht. Später setzte sich der Verfall des Pastorats fort (Foto: 1927), was den Kirchenvorstand schließlich 1926 dazu zwang, einen Wettbewerb für einen Neubau auszurufen. Den Entwurf des Kölner Architekten Fuß arbeitete der heimische Architekt F. Genius zu einem „zur Ausführung kom-

menden Neubauprojekt“ aus, im Mai 1927 wurde der erste Stein gesetzt. Das neue Pastorat stand an der alten Stelle, jedoch in Nord-Süd-Richtung etwas gedreht. Mit 60.000 Reichsmark kostete der Bau 20 Prozent weniger als veranschlagt. Ende 1985 wurde ein neues Pastorat, das Georgshaus, bezogen. Der Vorgängerbau wurde am 15. Januar 1986 unter Denkmalschutz gestellt.

Der Weg zum Pastorat hieß im Volksmund „Pastorsströötken“ (je nach Aussprache auch „Pastors Strittken“). Am Haus vorbei ging es weiter zu einem Wiesengelände, auf dem die Marler Familien ihre Wäsche wuschen und bleichten. Deshalb hieß der Weg zunächst offiziell „Bleichstraße“ und heißt erst seit 1927 „Im Örtchen“ (bisweilen: „Im Örtken“), weil die hier stehenden Häuser den Mittelpunkt Marls markierten.

Wilhelmstraße: private Bauherren

Im Jahr 1905 begann die Kohlenförderung auf Auguste Victoria (AV) und schon bald setzte eine lebhafte Wohnungsbautätigkeit ein. AV selbst baute die ersten Häuser westlich der Zeche. Bereits ein Jahr zuvor, im Februar 1904, hatte die Gemeindevertretung von Recklinghausen-Land den Antrag auf den Bau eines 14 Meter breiten Straßenzuges behandelt. Die Gemeinde lehnte ab, weil ihr der Straßen-Herstellung mit Asche nicht ausreichend erschien.

Einige Jahre später wurde dennoch gebaut. Südlich der Schachtanlage AV 1/2 errichteten private Bauherren zweieinhalbgeschossige Wohnblocks für die Familien der Zechenarbeiter (Foto: um 1925). Sie haben, anders als die Siedlung westlich von AV oder südlich der Zeche Brassert, nicht deren Großzügigkeit, wie diese Aufnahme von der Wilhelmstraße (heute Otto-Hue-Straße, rechts Nr. 35) zeigt.

Am 1. Januar 1910 wurde bereits eine Verwaltungsstelle der Landgemeinde Recklinghausen-Land an der Ecke Victoria-/Wilhelmstraße eingerichtet. Außerdem eröffnete das „Rheinisch-Westfälische Kaufhaus Theodor Becker". Gleich daneben befand sich eine Niederlassung der Stifts-Brauerei Dortmund.

Die Wilhelmstraße gehört zu einer Gruppe von Straßen, die um 1909 nach in deutschen Herrschaftshäusern typischen Namen benannt wurden: Heinrichstraße (heute Josefstraße), Friedrichstraße (nach dem ersten preußischen König Friedrich I.), Augusta- und Victoriastraße (nach Kaiserin Auguste-Victoria), Wilhelmstraße (nach dem ersten Deutschen Kaiser). Die Wilhelmstraße wurde 1926 in Blücherstraße umbenannt und erhielt 1946 den Namen Otto-Hue-Straße. Viele der alten Häuser stehen noch heute.

Breite Straße: über den Mühlenbach

Ein breiter Sandweg schlängelte sich über Jahrhunderte nach Südwesten aus der Siedlung Marl heraus (Foto: um 1910) und teilte sich schon kurz hinter dem Ortsende, eine Abzweigung führte nach Dorsten, die andere nach Polsum. Bei der Namensvergabe des Weges orientierten sich die Marler nicht am Ziel, sondern an dem Bach, den er überquerte. Der Bach war östlich angestaut worden, um die Räder einer Wassermühle anzutreiben, hieß deshalb „Möllenbeck“ (Mühlenbach) und unterquerte im weiteren Verlauf die Dorfstraße, die nach dem Bach (Becke) „Beckstroat“ hieß. Erst ein Brückenneubau im Jahr 1910 mit sieben Metern Breite, eine für das Dorf bemerkenswerte Größe, gab der Straße einen neuen, nun auch offiziellen Namen: Breite Straße (bisweilen fälschlich „Breitestraße“, rechts: Nr. 39).

Die alte Bachstraße war eine der sechs „historischen“ Straßen von Marl im Straßenverzeichnis von 1912. Ihre Anlieger wurden deshalb auch nicht zu den (umstrittenen) Kosten für die Anlegung von Bürgersteigen herangezogen.

Der Mühlenbach spielte bis in die neueste Zeit eine Rolle, da er die Grenze zwischen Marl und Frentrop darstellt, was für die Schützen wichtig war als Abgrenzung zwischen der ersten Kompanie (Marl) und der zweiten Kompanie (Frentrop). Wer also östlich der Möllenbeck wohnte, konnte zwar Mitglied des Frentroper Schützenvereins sein, hatte aber nicht das Anrecht auf dessen Königswürde.

Die Felder westlich der Straße, zum Mühlenbach hin, bildeten früher die Gemeindewiese, auf der die Marler ihre Wäsche zum Trocknen ausbreiteten.

Auf dem historischen Foto ist ein an der rechten Straßenseite stehendes Fachwerkhaus zu sehen, die Gaststätte „Lindenhof". Der Bach, auf den der Straßenname einmal Bezug nahm, ist auf den Bildern nicht einmal zu erahnen.

Agnesstraße: variantenreiche Typen

Ein Blick in eine Gartenstadtsiedlung mit aufgelockerter eineinhalbgeschossiger Bauweise und unterschiedlichen Haustypen. Die Straßenbreite war ausreichend für Handkarren, Pferdefuhrwerke und Fußgänger. Einen Begegnungsverkehr zwischen Autos und Fußgängern bedachte die Planung noch nicht, eine Trennung von Fußwegen und Fahrweg war deshalb auch nicht markiert. Das um 1911 entstandene Foto zeigt die Probleme einer sogenannten Wegestraße, die bereits „befestigt“ war – mittels Asche.

Die Agnesstraße (rechts Nr. 17) liegt in der Siedlung südlich der Zeche Brassert, die ab Beginn der 1910er-Jahre in mehreren Abschnitten gebaut wurde. In der Bauphase trugen die Straßen noch Buchstaben, die später vergebenen Namen gehen vermutlich auf

Bergassessor a.D. Paul Stein zurück, dessen Familie die Grubenfelder der Zeche Brassert besaß. Zu der Zeit war es durchaus üblich, dass Bergwerksdirektoren Vornamen aus ihrem persönlichen Umfeld als Straßennamen aussuchten, was in späteren Jahrzehnten Kritik auslöste und eingestellt wurde.

Die Agnesstraße soll 1913 nach der Ehefrau von Paul Stein benannt worden sein, die ebenfalls in der Siedlung liegende Steinstraße nach seinem Vater August Stein. Agnes Stein war die Tochter des geheimen Bergrats Emil Krabler (die Krablerstraße liegt ebenfalls in der Siedlung), der 1893 maßgeblich an der Gründung des Rheinisch-Westfälischen Kohlensyndikats beteiligt war.

Bachstraße: radikale Modernisierung

Der Anfang der Bachstraße (ab 1926 Bergstraße, links: Nr. 1) liegt in Hüls in Höhe der Hülsstraße, wie links auf dem Foto von 1913 zu sehen ist. Das prächtige Haus gegenüber wurde später „modernisiert" und seines verspielten architektonischen Glanzes beraubt. Es beherbergte das „Café Grewe", nach dessen Schließung nutzte die Volksbank die Räume, bevor das zwischenzeitlich ausdruckslos versachlichte Gebäude für einen repräsentativen gläsernen Volksbank-Neubau abgerissen wurde.

Auf der Nordseite der Straße (altes Foto rechts) schlossen sich die Beamtenhäuser von AV an, deren Vorgärten mit niedrigen Steinmauern eingefasst und schmiedeeisernen Gittern geschützt waren. Hier hatte in den 1920er-Jahren unter anderem der Arzt Hugo Schultz

(„Pillen-Hugo") seine Praxis. Die Häuser auf der gegenüberliegenden Seite wurden erst später gebaut.

Die Ecke zur Hülsstraße bildete die Drogerie Degeling, daran schloss sich der Tabakladen von Heinrich Roler an. Es ging weiter mit dem Maß- und Tuchgeschäft von Johann Schräder einschließlich einer Annahmestelle für die Färberei und chemische Reinigung von V. Turconi. Im weiteren Verlauf folgte die Gaststätte „Bürgerhof" (Bergstraße 9, Besitzer Galland Fischer) mit Kegelbahn und Gartenwirtschaft. Das Gebäude wurde 2021 abgerissen.

Die rechte Straßenseite wurde komplett neu konzipiert und wird heute von zwei großen Bankgebäuden dominiert.

Die alte Aufnahme täuscht eine Straßenbreite vor, die in diesem Ausmaß nicht vorhanden war, wie andere Fotos aus dieser Zeit und das aktuelle Foto zeigen.

Bismarckstraße: AV-Privatstraße

Die Bismarckstraße (Foto: 1911, rechts Nr. 56, im Vordergrund die Römerstraße) wurde ebenso wie die Gersdorffstraße und die Ziegeleistraße als Privatstraße der Gewerkschaft Auguste Victoria westlich der Zeche in Hüls angelegt. Die schmale, baumbestandene Anliegerstraße hat sich über hundert Jahre einen anheimelnden Charme erhalten.

1909 genehmigte die Gemeinde Recklinghausen-Land die Anlage einer 5,40 Meter breiten Fahrbahn mit Ruhrkohlensandstein und Hochofenplacke sowie darüber zwei Zentimeter Basaltsplitt und Sand. Daneben wurde eine 45 Zentimeter breite Kopfsteinrinne gebaut.

Die kommunale Neuordnung vom 1. April 1926 führte dazu, dass der Name Bismarckstraße nun in Marl doppelt vorhanden war (auch in Brassert, hier wurde sie nach 1945 nach dem politisch engagierten Arzt in Rudolf-Virchow-Straße umbenannt). Die Straße in Hüls erhielt deshalb 1926 den Namen Merveldtstraße, nach dem früheren Landrat Graf Felix von Merveldt, der im Oktober 1926 verstarb.

Graf von Merveldt (1862–1926) war 1894 Landrat im Kreis Recklinghausen geworden, in seiner Amtszeit wuchs die Bevölkerungszahl im Kreis von 109.000 auf 328.000 an. Zu seinen Verdiensten gehören der Bau des Kreishauses am Herzogswall in Recklinghausen und der Ausbau des Straßennetzes. Sein Ruf als tüchtiger Verwaltungsbeamter führte 1913 zur Ernennung zum Regierungspräsidenten in Münster. Die sozialdemokratische Fraktion in Recklinghausen-Land forderte im September 1920 seine „schleunigste Entfernung" aus dem Amt, weil er sich gegenüber den neuen Volksvertretern „volksfeindlich und verletzend" äußere, 1922 versetzte der preußische Innenminister ihn in den einstweiligen Ruhestand (möglicherweise wegen Zweifels an seiner Republiktreue).

Nur zwei Landräte wurden in Marl mit einem Straßennamen geehrt: Neben Merveldt noch Erich Klausener (Dr.-Klausener-Straße, vorher Hindenburgallee, Umbenennung August 1947).

Victoriastraße: Gasthof „Glück Auf“

Das Gemeindegasthaus „Glück Auf“ in der Victoriastraße (Nr. 20-22, Foto: 1909) war seit etwa 1906 eine von zwei Gaststätten, in denen Bergarbeiter die kurzen Stunden der Erholung möglichst angenehm gestalten konnten, wie die Gemeindevertretung schwärmte. Hier sollten Bier und Branntwein ausgeschenkt werden, doch sollten die Verwalter ihre Hauptaufgabe darin sehen, dem Alkoholmissbrauch möglichst Einhalt zu gebieten. Der Verwalter wurde als Kastellan bezeichnet und hieß im Gemeindegasthaus „Glück Auf“ damals Ossenkamp. Der beklagte sich nach einigen Jahren, dass der Gastraum wegen der ständigen Bevölkerungszunahme bereits zu klein sei für Feste und Veranstaltungen.

Das Gemeindegasthaus war ein wichtiger Bestandteil des Hülser Gesellschafts- und Geschäftslebens. 1919 war es Treffpunkt für 32 Vereine. Hier wurden Kaisergeburtstag (mit Verzicht auf die Lustbarkeitssteuer) und Sommerfeste gefeiert, aber auch Protestveranstal-

tungen und Konzerte abgehalten. Der 1909 gebaute Saal, der höchstens 250 bis 300 Personen fasste, war häufig mit mehr als 600 Gästen völlig überfüllt. Eine Vergrößerung lehnte die Gemeinde jedoch ab, denn die Gemeindegasthäuser waren immer ein Zuschussgeschäft. Das läge an der „allgemein schlechten Kaufkraft", wie die Gemeinde 1926 erklärte.

Die Gemeinde regelte in den Gasthäusern so manches: Sie untersagte 1913 die als überflüssig angesehene Aufstellung von „Chocoladenautomaten", von „Bajazzo-Automaten" (Musikautomaten) und „automatischen Personenwaagen". Sie legte fest, welches Bier ausgeschenkt wurde, und erwog in Marl auch die Einführung einer Klaviersteuer (1921). Schon 1920 wurde der Verkauf der Gemeindegasthäuser diskutiert.

Der Fotovergleich zeigt, dass hinter der aktuellen Fassade das historische Gebäude nicht mehr zu erkennen ist.

Loestraße: bürgerliches Image

Die traditionsreiche Gaststätte „Bügeleisen“, die hier als „Restaurant“ für sich wirbt, markierte den Anfang der Loestraße (Adresse: Hochstraße 1). In dem Schröer'schen Haus hatte Franz Meisterernst bis 1920 sein Geschäft „Schreibwaren und Buchhandel“ betrieben. Als der Wirt Josef Halstrick seine Gaststätte hierhin verlegte, wurde der Eingang auf die Hausecke versetzt. Meisterernst zog ein Stück weiter in die Loestraße 8. Die Gaststätte wechselte noch mehrfach ihren Namen („Anno 1830“, „Mulvany's Irish Pub“).

Schräg gegenüber auf der anderen Straßenseite (Loestraße 3) ist das „Tabakwarenhaus“ von Anton Schnitzler zu sehen, das erst in den 1960er-Jahren abgerissen wurde. Beide Fachwerkhäuser sind auf einer Marler

Karte verzeichnet, die den Zustand von 1850 festhält. Als es noch keine Straßennummern gab, sondern die Häuser durchnummeriert wurden, hatte das Schröer'sche Haus die Nummer 5, das Haus Schnitzler die Nummer 43. Ein Stück weiter auf der rechten Seite steht seit 1905 die Elisabeth-Apotheke.

In den 1910er-Jahren hatte es Überlegungen gegeben, die Straßenbahn zweigleisig durch die Loestraße zu führen, doch dann hätte die Gaststätte in Teilen abgebrochen werden müssen. Die Preisforderungen der Anlieger, die ihre Grundstücksanteile für eine Straßenverbreiterung abgeben sollten, waren der Gemeinde zu hoch. Deshalb entschloss sie sich für einen anderen Schienenweg, nämlich durch die Kaiserstraße, die Mitte 1921 in Barkhausstraße umbenannt wurde. In den 1920er-Jahren, als dieses Foto entstand, hatte Marl bereits sein bäuerlich-dörfliches Image abgestreift und legte sich ein bürgerliches Aussehen zu.

Ringstraße: mustergültig aufgeräumt

Die Ringstraße (rechts Nr. 11b) in Brassert zeigt sich um 1918 als mustergültig aufgeräumte Straße mit breitem Fahr- und schmalem Fußgängerweg, korrekt ausgerichteten Lattenzäunen um die Vorgärten und mit einheitlich jungen Bäumen darin. Nur die unterschiedlichen Haustypen brechen die Einförmigkeit dieser Siedlung westlich der Schachtanlage.

Die Anwerbung von Bergarbeitern war Anfang des 20. Jahrhunderts ein großes Problem der Zechen, ebenso wie der Wohnungsbau. Die Gewerkschaft Brassert hatte deshalb ein umfangreiches Programm aufgelegt. Der Bereich Ringstraße/Goethestraße war der dritte von insgesamt neun Bauabschnitten.

In ihrem jährlichen Geschäftsbericht listete die Gewerkschaft den Fortschritt der eigenen Bautätigkeit auf. 1912 schrieb sie, dass sie inzwischen über 286 Häuser mit 44 Beamten- und

663 Arbeiterwohnungen verfüge, weitere 27 Häuser mit 78 Wohnungen seien im Bau. Der Bereich Ringstraße/Goethestraße war bis zum Beginn des Ersten Weltkrieges fertiggestellt, aufgrund des Krieges wurde die Bautätigkeit für weitere Abschnitte erst 1921 mit einem Ledigenheim für 150 Personen und mit 70 neuen Wohnungen wieder aufgenommen. 1920 hatte die Treuhandstelle für Bergmannssiedlungen Essen 100 Wohnungen erbaut, von weiteren aber wegen der ungewöhnlich hohen Baukosten (wie die Gewerkschaft Brassert erklärte) Abstand genommen.

1922 stritt sich die Gemeindeverwaltung mit dem Gemeinderat um die Frage, ob die Ringstraße mit elektrischem Licht zu versorgen sei. Das Zentrum forderte den Ausbau, die Verwaltung sträubte sich mit dem Hinweis, dass nur wenige Anschlüsse infrage kämen und die Kosten 80.000 Mark betrügen. Das Thema wurde zunächst einmal zurückgestellt.

St. Georg: kunstvoll ausgemalt

Die Pfarrkirche St. Georg in Alt-Marl wurde 1856 abgerissen und bis 1859 vergrößert wieder aufgebaut. Als Pfarrer Caspar Grove 1920 sein Amt antrat, begann eine Zeit der Modernisierung des Innenraumes (Foto: um 1923). Anlässlich seines silbernen Priesterjubiläums schenkte ihm die Kirchengemeinde 1924 neue Beichtstühle, 1926 gab es einen neuen Plattenbelag für den Boden und neue Kirchenbänke.

In der Inflationszeit wurde für eine neue Orgelbühne und eine Orgel gesammelt. Um sie im Turm der Kirche unterzubringen, musste in die östliche Turmmauer eine große Öffnung gebrochen werden Die Beleuchtung wurde „in künstlerischer Ausführung“ vollkommen erneuert, wie die Kirche schwärmte. Für die unteren Fenster ließ Pfarrer Grove farbenprächtige Glasfenster anfertigen, die im nördlichen Seitenschiff den Hl. Georg und über dem Hauptportal die Hl. Barbara zeigen. 1929 wurde endlich die Heizung angelegt, die Pfarrer Franz Reuter schon 1912 geplant, deren Ausführung der Krieg aber verhindert hatte.

Für die Seitenschiffe gab Pfarrer Grove zwei Reliefs bei dem bekannten Christusdarsteller-Schnitzer Anton Lang in Oberammergau in Auftrag, außerdem ein Kreuz für die Sakristei. Doch die Vollendung und Fertigstellung der Kreuzigungsgruppe im Turm, des Sakristeiumbaus und der großen Turmreparatur erlebte der Pfarrer nicht mehr.

Als Vikar Bernhard Roß 1931 sein Nachfolger wurde, ließ er, kaum in Marl angekommen, den langgehegten Wunsch von Pfarrer Grove ausführen und die Kirche von dem Gelsenkirchener Maler Reul „in kunstvoller Weise neu ausmalen". Die reichhaltigen alten Verzierungen verschwanden dabei.

Lenkerbeck: ein solides Feuerwehrhaus

Von der Gründung der Freiwilligen Feuerwehr Lenkerbeck bis zur Einweihung ihres Feuerwehrhauses dauerte es 18 Jahre. Es war eine solide Entscheidung, die Feuerwehr nutzt das im Oktober 1928 eingeweihte Gebäude, das auf beiden Fotos zu sehen ist, noch heute.

Im 19. Jahrhundert war die Feuersicherheit noch ein großes Problem. Es heißt, dass Lenkerbeck schon eine Brandwehr hatte, die Löschwasser mit Eimern beförderte (in Marl war die 1889 angeschaffte Saug- und Druckspritze nach sieben Jahren defekt). Bei Bränden

half man sich gegenseitig, die Brandglocke rief die Einwohner zusammen. Die Lenkerbecker Brandwehr hatte, laut einem Aktenvermerk vom Februar 1890, einen „Spritzenmeister“ (Gerätewart) und einen „Löschdirigenten“ (Löschzugführer). Und sie hatte rund 30 Meter vom heutigen entfernt ein kleines Spritzenhäuschen, das praktischerweise auch als Gefängnis für Übeltäter diente, die nach Recklinghausen gebracht werden mussten. Es hieß im Volksmund „Pittermännken“ und wurde 1936 abgerissen, weil „Landstreicher, Spione und Übernachtende“, wie die Zeitung damals schrieb, das Gebäude als Unterkunft nutzten.

Erst nach der Umgemeindung Lenkerbecks von Recklinghausen-Land zu Marl im Jahr 1926 wurde der Bau eines Feuerwehr-Gerätehauses angegangen. Im selben Jahr erhielten sowohl Hamm-Bossendorf als auch Polsum einen Feuerwehrturm am Spritzenhaus.

Das Feuerwehrhaus an der Hülsbergstraße 78 wurde im Dezember 1993 als technisches Kulturdenkmal unter Denkmalschutz gestellt.

Hülsstraße: stadtteilprägendes Modegeschäft

Zu den prägenden Geschäften der Hülsstraße gehörte das Konfektionsgeschäft Julius Friedlich (Hausnummer 6), das bereits 1912 existiert haben soll. Auf dem Foto vom Mai 1928 haben sich 18 Mitarbeiterinnen vor dem Haus versammelt, insgesamt sollen es zeitweise mehr als 40 gewesen sein. Anfang 1935 übernahm Schwiegersohn Erich Koopmann das Geschäft.

In dieser Zeit wurde es für die jüdischen Kaufleute immer schwieriger. Ihre Kunden wurden fotografiert und die Bilder tauchten in den Schaufenstern anderer Geschäfte wieder auf, verbunden mit Schmähreden. Die jüdischen Geschäftsinhaber mussten ihr Personal entlassen

und im weiteren Verlauf gingen ihre Geschäfte ohne große Veränderungen in „arische Hände“ über. Wegen Boykottmaßnahmen musste Koopmann 1936, den „Sachzwängen der Zeitumstände“ geschuldet, sein Geschäft an den Grevener Schräder verkaufen, der es an seinen Sohn Karl weitergab.

Das Textilhaus Schräder umfasste zwei Gebäude, die sich in jüngerer Zeit mit einer gemeinsamen markanten Vor-Fassade von den Nachbarhäusern absetzen. Diese sind meist noch heute im ursprünglichen Stil erhalten, wenn auch nicht auf der Erdgeschossebene, wo sich mit völligen Umgestaltungen eine Anpassung an die jeweils aktuellen Verkaufsbedürfnisse durchsetzte.

Als im Februar 1972 die Schräder-Passage fertiggestellt war (zwischen Schräder und dem Schuhgeschäft Lenz), lobte sie die Zeitung als Erleichterung für Pkw-Fahrer. Für Hüls war das Schräder-Haus ein stadtteilprägendes Modegeschäft.

Im neuen Jahrtausend erhielt der Gebäudekomplex einen neuen Eigentümer, der eine Million Euro in eine Wiederbelebung des Hauses mit neuen Angeboten investierte.

Ophoffstraße: Overbergschule

Die im Dezember 1910 fertiggestellte Volksschule (Foto: 1925) hieß zunächst lediglich „Katholische Dorfschule" und erhielt erst im Mai 1937 den Namen „Overbergschule". Zwei Jahre später wurde sie in „Schillerschule" umbenannt, was man im August 1945 allerdings wieder rückgängig machte. Bereits 1906 hatten die Marler Gemeindevertreter festgestellt, dass die Dorfschule zu klein war, insbesondere, weil sie 23 Kinder aus der Bauernschaft Drewer besuchten, deren Väter auf der Zeche AV beschäftigt waren. Die Marler rechneten mit weiter stark wachsenden Schülerzahlen und beschlossen deshalb, für die katholischen Kinder ein achtklassiges Schulgebäude zu errichten.

Namensgeber ist der katholische Theologe und Pädagoge Bernhard Overberg (1754–1826). Er unterrichtete ab 1783 an einer Normalschule in Münster (Volksschule, die zugleich eine

Fortbildungsstätte für Lehrer war) und hatte entscheidenden Einfluss auf das Bildungsniveau in Westfalen. Bekannt wurde er für die „Allgemeine Schulverordnung für das Münsterland" (1801). Darin empfahl er unter anderem, Schüler sollten Lerninhalte nicht nur stur auswendig lernen, vielmehr sollten „echte Unterrichtsgespräche" stattfinden. Auch katholische Schulen in anderen Gegenden Deutschlands nutzen seine Schulbücher. Zahlreiche Schulen wurden nach ihm benannt.

Die Katholische Dorfschule erhielt einen Eingang von der Ophoffstraße (Nr. 27), er wurde erst später auf die Rückseite verlegt, die ursprüngliche Situation ist aber noch heute zu erkennen. Inzwischen dient sie als Gemeinschaftsschule.

Hülsstraße: Waldschule

Auf einem Waldgrundstück im Gänsebrink wurde im Winterhalbjahr 1907/08 eine vierklassige Schule an der Hülsstraße (Nr. 69) eröffnet, mitsamt einem Schulgarten. 1914 erhielt sie offiziell den Namen „Waldschule".

Zuvor hatten die Kinder aus Löntrop (die Bezeichnung Hüls wurde erst 1910 vergeben) die Schule in Lenkerbeck besucht. Dann erwarb die Landgemeinde Recklinghausen-Land aus dem Arenbergischen Besitz ein 1,25 Hektar großes Waldgrundstück für den Bau einer Schule, die erst in einem zweiten Schritt außen verputzt wurde. Allein der 1. und 2. Jahrgang, die von Fräulein Ehle betreut wurden, umfassten 101 Kinder, Schulleiter Spiekermann übernahm die 103 Kinder der restlichen Klassen. Weil die Raumverhältnisse nicht ausreichten, wurde 1910 ein vierklassiger Anbau (Kosten 75.000 Mark) beschlossen (Foto: 1929). Denn die Eltern schickten ihre Kinder lieber in die „Waldschule", die diesen Namen 1914 offiziell erhielt, als in die näher liegende „Kolonieschule".

Der Bau im Reformstil mit seinem auffälligen asymmetrischen Dach und dem Blendfachwerk hält bereits mehr als hundert Jahre.

Die Geschichte der Waldschule ist insbesondere mit Heinrich Keßler verbunden, der 1909 dort seinen Dienst als Lehrer aufnahm und zehn Jahre später Schulleiter wurde. 1936 ging er in Rente. Der zunächst in Hüls und später in Marl engagierte Pädagoge konnte zwar im Juli 1911 eine Brausebadeeinrichtung für die Schulkinder durchsetzen, seinen Wunsch nach „Einrichtung getrennter Badezeiten" lehnten die Gemeindevertreter jedoch ab.

Unmittelbar hinter der Schule wurde ein Sportplatz angelegt, der im Mai 1927 den Namen Jahnplatz erhielt (wie eine andere angrenzende Schule den Namen „Jahn-Schule"). Diese Mittelschule, die später zur Ernst-Immel-Realschule wurde, nutzte zeitweise (noch 2008) Räume der ehemaligen Waldschule. Danach wurde sie als nicht mehr erhaltenswert eingestuft und für eine Wohnbebauung freigegeben.

Victoriastraße: AV-Verwaltungsgebäude

Anfang des 20. Jahrhunderts wurde das beeindruckende Verwaltungsgebäude der Gewerkschaft Auguste Victoria gebaut (Foto: Ende 1920er-Jahre). Die am linken Bildrand zu erkennenden Häuser stehen an der Victoriastraße. Die Straße im Vordergrund ist die Einfahrt zum Zechengelände (Victoriastraße 43).

Am 1. Juni 1903 wurde der Sitz der Zechen-Verwaltung von Düsseldorf in die Gemeinde Recklinghausen-Land verlegt, unmittelbar an den Eingang zur Schachtanlage. Gleichzeitig

bekam Bergassessor a.D. Paul Stein, im Alter von 29 Jahren, von seinem Vater August Stein die technische und kaufmännische Verwaltung der Gewerkschaft Auguste Victoria übertragen. 1906 wurde er zum Generalbevollmächtigten ernannt. Von 1910 bis 1917 hatte er auch den Vorsitz des Grubenvorstandes der Gewerkschaft Brassert in Marl inne, die danach von den Rheinischen Stahlwerken (Duisburg) übernommen wurde.

AV hatte bereits 1900 eine Belegschaft von 105 Mann, zu Kriegsbeginn 1914 waren es 2.430, 1944 schon 8.257. Die größte Beschäftigtenzahl erreichte AV 1957 mit 10.795 Mitarbeitern, im Jahr der Einstellung der Förderung 2015 waren es noch 1.624.

Am 17. März 1945 wurde das Verwaltungsgebäude bei Luftangriffen auf die Zeche erheblich beschädigt. Beim Wiederaufbau gab es in Teilen Veränderungen, statt des Walmdaches erhielt das Gebäude eine weitere Etage mit einem Flachdach.

Hochstraße: Gaststätte „Bügeleisen“

Am Eckhaus Hochstraße/Loestraße war Ende der 1930er-Jahre der bauliche Spagat abzulesen, der typisch war für die schnell wachsende Gemeinde Marl: Die Front dieses um 1750 gebauten Ackerbürgerhauses zeigt zur Durchgangsstraße hin noch Reste des Fachwerkes, die Diagonalbalken sind bereits überputzt.

Im weiteren Straßenverlauf sind noch mehr Fachwerkhäuser zu erkennen, von denen einige bis ins 21. Jahrhundert erhalten blieben (Foto: Juni 2021). Doch weil die Hochstraße immer wieder an die Erfordernisse der Zeit angepasst wurde, mussten sämtliche Bäume (Linden und Kastanien), die mitten auf dem Gehweg standen, abgeholzt werden. Auch die doppelten Straßenbahnschienen benötigten mehr Raum.

Die Giebelseite des Eckhauses zur Loestraße hin ist voll verputzt und passt sich mit dieser „Modernisierung“ dem Charakter dieser Straße an, die sich zur wichtigsten Geschäftsstraße des Dorfes entwickelte. Die Werbung „Gasthaus Bügeleisen“ und „seit 1830“ können leicht

in die Irre führen. Tatsächlich nahm der Wirt Josef Halstrick den Namen von dem alten Gebäude mit, das auf der anderen Seite der Loestraße stand und 1920 abgerissen worden war. „1830" bezieht sich auf das Jahr, in dem das alte „Bügeleisen" eine Schankerlaubnis erhielt. Zu der Zeit war der Hausbesitzer Johann Ader der Zöllnerposten übertragen worden und er erhob die Straßenbenutzungsgebühren. Das war auch ein Grund, in der kleinen Schankwirtschaft einzukehren. Diese unvergesslichen Erinnerungen wurden auf das neue Haus übertragen. 1939, als das Foto entstand, hieß der Wirt Josef Heeck. Den Eingang verlegte der neue Eigentümer für einige Jahrzehnte direkt auf die Hausecke.

Das „Bügeleisen" stand häufig im Mittelpunkt, wenn in Marl gefeiert wurde. Für große Feste war es aber zu klein, weil ihm ein entsprechender Saal fehlte.

Von den Häusern in der Hoch- und Breiten Straße wurden nur die Gaststätten „Bügeleisen" im Juni 1985 und zwei Jahre später der „Lindenhof" unter Denkmalschutz gestellt.

Breite Straße: der „Lindenhof“

In der Gaststätte „Lindenhof“ (Breite Straße 37) haben die Marler alles gefeiert: Kaisers Geburtstag (1911) und einen öffentlichen Maskenball des Theatervereins „Frohsinn“ (1919), den Abschied von Pfarrer Reuter (1920) und die Einweihung des Amtshauses (1922). Hier fanden die erste Marler Theatervorstellung (1926), das Kostümfest der „Marlschen Flaigen“ (1939), Frauenversammlungen und Vereinsgründungen, die Jahresfeste des Bayernvereins und viele politische Veranstaltungen statt.

Die um 1700 errichtete Gaststätte (Ackerbürgerhaus) hat seit 1732 eine Schankerlaubnis. Als der Wirt Johann Freyhoff den „Lindenhof“ übernahm, wurde 1913 nebenan ein großer Saal gebaut. Der Name „Lindenhof“ soll von einer eigentümlich gewachsenen Linde auf der Terrasse stammen (Foto: 1935).

Ursprünglich stand hier eine Krautmühle, die größte im Vest. Gutsbesitzer und Bauern lieferten mit großen Karren ihr Obst, damit daraus Kraut gemacht wurde. Oft konnte wegen der Überfüllung der Mühle wochenlang kein Obst angenommen werden. Das Geschäft blühte und auf der Fach- und Gewerbeausstellung Recklinghausen gab es 1901 eine Goldmedaille. Doch dann ging das Geschäft langsam zurück.

Ab den 1960er-Jahren war der „Lindenhof"-Saal (links neben der Gaststätte) der Proberaum des Orchesters Philharmonia Hungarica. Im Juli 1987 wurde die Wirtschaft (ohne Saal) unter Denkmalschutz gestellt. 2003 stand der Abriss des Saales an, weil eine Sanierung des 90 Jahre alten Gebäudes zu teuer war. 2006 wurde an derselben Stelle eine Senioren-Wohneinrichtung eröffnet.

An St. Georg: Kriegerehrenmal

Der Pennäler Heinz E. sprach den Prolog, der Quartettverein sang „Des Reiters Morgenlied", dann fiel die Hülle vom neuen Ehrenmal an der Ecke Kirch-(heute: Schiller-)/ Breite Straße. Es war der 15. November 1931. Ein General aus der Regierungshauptstadt Münster hielt die Weiherede, der Bürgermeister und die Vertreter der Vereine legten Kränze nieder und zum Abschied ertönte das Deutschlandlied. Marl hatte endlich ein repräsentatives Kriegerehrenmal für die Gefallenen des Ersten Weltkrieges.

In den Jahrzehnten zuvor hatte man der „gefallenen Krieger" unter einer Friedenseiche auf dem Altmarkt gedacht. Der Alte Marler Kriegerverein von 1869 hatte sie nach dem Krieg mit Frankreich 1870/71 aus dem Wald geholt und auf dem Kirchplatz eingepflanzt. Die Namen

der Gefallenen standen auf großen Tafeln, eingerahmt von einem schmiedeeisernen Gitter. Hier trafen sich die Kriegsteilnehmer am Vorabend ihres „Sieges- und Friedensfestes" (10./11. September 1871), später hieß er „Heldengedenktag". Dann bildete sich ein Denkmalverein, der sich um ein neues Ehrenmal kümmerte. Es wurde auf die Ecke Kirch-/Breite Straße gesetzt. Die Kirche gab dafür einen Teil ihres Grundstückes ab, wo früher einmal das Häuschen des Sattlers Bertram Genius stand. Das Bild des St. Georg, der sich nachdenklich auf sein Schwert stützt, habe mit seinen kräftigen markanten Gesichtszügen und dem starken Unterkiefer eine gewisse Ähnlichkeit mit dem ein Jahr zuvor verstorbenen Pastor Grove, munkelte man damals im Ort.

Längst ist das Ehrenmal der Verbreiterung der Ortsdurchfahrt gewichen. Einzelne Elemente stehen jetzt in der Kirchennische auf dem Altmarkt.

Alt-Marl: der Volkspark

Seit mehr als 30 Jahren ist den Marlern das Volksparkfest ein Begriff. Eine Verbindung aus dem Tag der Deutschen Einheit und einem Volksfest mit den Vereinen, Verbänden und Institutionen der Stadt. Es gibt eine Bühne, einen Kunsthandwerkermarkt und Mitmachaktionen. Alles im Marler Volkspark, der bereits ein Jahrhundert alt ist. Bei seiner Einrichtung 1924 gab es noch Probleme mit wildernden Hunden, beklagte die Zeitung. Vier Jahre später, nach dem Kauf des Overdieck'schen Hofes an der Ophoffstraße, wurde er zu einer Anlage ausgebaut. Als 1933/34 der Volksparkteich angelegt wurde (Foto: 1939), wünschte sich die Bevölkerung eine Belebung mit Wasservögeln. Die Bürger schafften Schwäne und Enten an. Manches

exotische Tier habe sich dann aber ausgestopft als Zimmerschmuck wiedergefunden, erzählte man sich in Marl. Es erwies sich als erforderlich, den Tieren einen „Hausherren" zu geben. So wurde ein Jahr nach der Stadtwerdung Marls die Stadtgartengesellschaft 1937 gegründet.

Der Volkspark war ein Park, der dem Volk gehört, anders als ein Bürgerpark, der für ein repräsentatives Herumspazieren gedacht war. Im Volkspark konnte sich das Volk tummeln, spielen, Sonnenbäder nehmen und die Wiese betreten.

Als sich die Zeiten änderten, stellte die Stadtverwaltung die Grünflächen 1941 kostenlos für Kleinviehhalter zur Verfügung, 1943 für den Kartoffel- und Gemüseanbau. Nach dem Krieg wurden die Teiche im Volkspark einer Karpfenzucht überlassen und 1951 der Stadtgartengesellschaft übergeben. Mit ihr wuchs ein kleiner Tierpark heran, der 2010 seine Aufgaben und die behördlichen Auflagen nicht mehr bewältigen konnte. Die letzten 350 Mitglieder lösten den Verein auf.

Das neue Amtshaus

Im Jahr 1922 legte sich Marl ein stattliches Amtshaus im Reformstil zu. Es ersetzte das Backstein-Verwaltungsgebäude aus dem Jahr 1885, das sich schon 1913 als zu klein herausgestellt hatte. Die Architekten, Amtsbaurat Johannes Birkenfeld und der technische Oberinspektor Nikolaus Scheerer, integrierten das alte Haus in das neue und verlegten den Eingang und die Fassade von der Hochstraße zur weniger bedeutenden Vikariestraße (Nr. 1). Den architektonischen Formenapparat nutzten sie für einen Risalit mit Pilastern, Giebeldreieck und Verkündungsbalkon über dem Eingang. Das recht konservative Bauwerk hob sich damit von anderen Repräsentations-Rathäusern ab.

Die Marler Amtsverwaltung verfügte jetzt über 22 Büroräume, einen Sitzungssaal, ein Gemeindevorsteherzimmer, eine Polizeiwache mit mehreren Arrestzellen und eine Wohnung

für den Hausmeister. Am 19. Mai 1922 fand die feierliche Einweihung statt. Im Dachgeschoss durfte der 1926 gegründete Heimatverein die Gegenstände für ein geplantes Museum unterbringen, bis die Verwaltung 1931 (Foto: 1. Mai 1935) auch diesen Raum für Akten benötigte und die ehemalige Wassermühle als Heimatmuseum hergerichtet wurde.

Seine eher beiläufige Lage am Rand des Ortskerns war durch den Grundstückskauf 60 Jahre zuvor bestimmt. Sie war schon beim Bau umstritten. Ortsvorsteher Guido Heiland hatte ein Gelände in Höhe Brassertstraße/Hervester Straße vorgeschlagen. Für die Verbreiterung der Ortsdurchfahrt der B225 musste 1960 vom Amtshaus ein 6,40 Meter breiter Streifen herausgetrennt werden. Vier Pfeiler stützen die Obergeschosse ab. Im September 1966 richtete sich die Polizei in dem Gebäude ein, im Juni 1991 bezog sie die neue Dienststelle an der Rappaportstraße.

Buerer Straße: Kanalbrücke

Im Zusammenhang mit der Nordwanderung des Bergbaues erhielt die Planung eines neuen Wasserweges Bedeutung: der „Lippekanal" von Wesel bis Hamm. Er sollte das Rückgrat des Verkehrs im Lippegebiet sein und bildete eine „unerlässlich große Kohlenabfuhrstraße", wie die Industrie- und Handelskammer schrieb. Ab 1915 befand sich das westliche von drei Teilstücken im Bau: 58 Kilometer von Datteln nach Wesel. Wegen des Arbeitermangels waren die Arbeiten nach Kriegsbeginn eingestellt und erst 1918 wieder aufgenommen worden. 1931 wurde der Lippe-Seitenkanal in Betrieb genommen, auf ihm konnten Rheinschiffe mit bis zu 1.300 Tonnen Tragfähigkeit verkehren. Seine Wasserspiegelweite betrug 34,5 Meter, seine Wassertiefe 3,5 Meter. Zwischen Datteln und Wesel mussten 44 Meter Höhenunterschied überwunden werden.

Nachdem der Kanal eine wichtige Rolle im Frachtverkehr übernommen hatte, hielt die Reichsbahngesellschaft 1933 eine immer wieder geforderte Bahnlinie Essen–Marl–Haltern–Münster für nicht mehr rentabel und lehnte deren Bau ab.

Im Raum Marl wurden drei Häfen angelegt: für die CWH sowie für die Zechen Brassert und AV. Letztere konnte die große Menge Kohle, die nach Ludwigshafen ging, nun per Schiff versenden.

Das 1930 entstandene Foto zeigt die Brücke im Verlauf der Buerer Straße (Hervester Kreisstraße). Im Zusammenhang mit den Chemischen Werken wurden mehrere Brücken über den Kanal gebaut, um auch die Fläche bis zur Lippe nutzen zu können.

Inzwischen musste die Brücke durch eine neue Konstruktion ersetzt und höher gelegt werden, um größeren Schiffen die Fahrt unter ihr zu ermöglichen. Die Kreisstraße erhielt eine neue Trasse samt Brücke, die im Hintergrund des aktuellen Bildes zu sehen ist.

Kampstraße: Bereitschaftssiedlung

Gleichzeitig mit dem Bau eines Chemiewerks in Marl mussten Wohnhäuser für die Mitarbeiter errichtet werden. Sieben Millionen Reichsmark plante das Werk hierfür ein. Bereits im Frühjahr 1938 wurde mit dem Bau zweier Einfamilien-Doppelhäuser an der Kampstraße begonnen, ein Jahr später zogen die ersten Familien ein. Bis Ende 1940 waren 113 Häuser mit 252 Wohnungen bezogen worden, weitere 186 befanden sich im Bau oder in der Planung. Außerdem hatte das Gemeinnützige Wohnungsunternehmen (WoGe) Ende 1939 mit dem Bau von 404 Wohnungen begonnen (Foto: 1940, rechts Kampstraße 2–10, Straßenende: Leverkusener Straße). Mit gebaut wurden Luftschutzkeller samt gasdichten Eisentüren.

Die Wohnhäuser beweisen die großen Anstrengungen auf dem Gebiet der Wohnungsfürsorge, insbesondere für die leitenden Mitarbeiter, und zeigen die Sonderstellung des Werkwohnungsbaues der I.G. Farbenindustrie. Die Häuser stellen ein typisches Beispiel für die süddeutsche Bautradition und den Stil der Stuttgarter Schule in der Tradition der Architekten Theodor Fischer, Paul Bongartz und Schmitthenner dar, so lobten die Denkmalschützer. Im Oktober 2003 wurden zahlreiche Häuser der Bereitschaftssiedlung in die Denkmalliste NRW aufgenommen, darunter die Kampstraße 86–106, 107–113 und 119–125. Die Siedlung beeindruckt heute noch mit der Qualität ihrer Vorgärten, den Außenblenden an den Fenstern und einer malerischen Wirkung auf das Straßenbild. 2003 trennte sich die WoGe von der ganzen Siedlung mit 485 Wohnungen.

Carl-Duisberg-Straße: am Dicken Stein

Die weitgehend unbewohnte Gegend, die heute Hüls-Nord und Marl-Hamm heißt, kannte um die Jahrhundertwende nur zwei Wege, die auch schon eine Bezeichnung hatten: die Bachstraße (längs des Loemühlenbachs) und den Römerweg (Foto: 1940, rechts) in Richtung Haltern, einer Stadt, in der ab 1899 Ausgrabungen ein Römer-Lager freilegten.

Die Situation änderte sich mit dem Auftreten des Bergbaus und dem Bau von Siedlungen und Straßen. Weil Flurbezeichnungen fehlten, hatte Bergassessor a.D. Paul Stein von Auguste Victoria bei der Vergabe von Straßennamen freie Hand. 1909 wurden die Namen Triftstraße, Tannenstraße, Birkenstraße, Heidestraße und Schulstraße (Foto: links) vergeben. Letztere hatte zuvor Verbindungsstraße geheißen, denn sie stellte die Verbindung zum Schacht AV 3 her.

1905 wurde der Ausbau des Römerweges genehmigt, für das nächste Jahr kündigte die Gewerkschaft AV den Bau einer größeren Anzahl Beamtenhäuser am Römerweg an. 1907 wurde ein Fluchtlinienplan erstellt. Im Dezember des folgenden Jahres konnten die ersten 30 Häuser am Römerweg bezogen werden, 1909 waren in der neuen Kolonie insgesamt 80 Häuser mit 318 Wohnungen fertiggestellt.

An der Gabelung von Römerweg und Schulstraße (heute: Carl-Duisberg-Straße) wurde ein großer Findling abgelegt. 1926 kam die Anregung auf, die Gabelung zu einer kleinen Grünanlage samt Ziersträuchern zu gestalten. Schon 1914 hatte es in der Gemeinde Hamm die Sorge gegeben, dass sich die Gemeinde zu wenig um ein grünes Straßenbild kümmere. Auf die Klage, dass die Birken am Römerweg abgeholzt würden, teilte der Amtmann lapidar mit, dass die noch vorhandenen Birken erhalten blieben.

Das Theater: ein „Prachtbau“

Wo heute das Theater steht, fanden im 19. Jahrhundert große gesellschaftliche Ereignisse statt. Der Platz hieß „Vogelstange“, weil hier Schützenfeste gefeiert wurden und die Kompanien zum Königsschießen antraten. Gleich nebenan wurde später ein Platz für „sportliche Vergnügungen“ hergerichtet.

Im Frühjahr 1950 überraschte Bürgermeister Heiland den Rat mit der Nachricht, ein Privatmann wolle in Marl einen Theaterneubau errichten. Mitte April informierte er, die Arbeiten würden bereits in vier bis sechs Wochen beginnen, im November sei das Theater fertig. In der Öffentlichkeit solle möglichst wenig darüber gesprochen werden.

Ganz so schnell ging es nicht. Der erste Spatenstich war im August, drei Monate später meldete der Bauherr Finanzierungschwierigkeiten und im Juli 1951 übernahm die Stadt das Projekt, das sie jetzt „Volkshaus“ nannte. Am 6. Februar 1953 wurde das Haus mit 956 Plätzen

mit der Aufführung von Beethovens Oper „Fidelio“ eingeweiht. Die „Recklinghäuser Zeitung“ jubelte: „In blendendem Weiß, ein Prachtbau aus Stein, Glas und Stahl, und doch schlicht und eindrucksvoll, präsentiert sich die Front des neuen Theaters der Stadt Marl.“ Die Verwaltung zog hochzufrieden Bilanz: 1954 kamen im Schnitt 804 Besucher zu den Vorstellungen (Foto: 1954).

Der Bau war deutlich teurer geworden als geplant, weil unter anderem noch ein Eiserner Vorhang und eine Wasserberieselungsanlage eingearbeitet werden mussten und später noch ein weiteres Treppenhaus dazukam. Ab 1959 nutzte die Stadt das Theater nicht mehr gleichzeitig als Kino, 1960 eröffnete nebenan das Theaterrestaurant „medaillon“. Das Theater wurde zur Präsentationsstätte der Philharmonia Hungarica und der Grimme-Preis-Verleihung. 1997/98 wurde es für 5,3 Millionen Mark saniert.

Römerstraße: Neubauten statt Baracken

Am Römerweg baute die Gewerkschaft Auguste Victoria ihre erste Arbeiterkolonie, im März 1908 beschloss sie die Errichtung von 110 Häusern.

In der nationalsozialistischen Zeit wurden im Bereich Römerstraße/Silvertbach insgesamt drei Barackenlager für Kriegsgefangene und Zwangsarbeiter gebaut, in denen insgesamt 2.000 Menschen untergebracht waren. Die Baracken wurden nach dem Krieg teilweise abgerissen, teilweise dienten sie als Wohnraum für Flüchtlinge, Neubergleute und Junggesellen.

Zwei Jahrzehnte lang gehörten die Behelfsunterkünfte zum Marler Straßenbild. Die Stadt hatte 1944 Wehrmachtsbaracken gekauft und am Lehmbecker Pfad als Krankenhaus aufgebaut. Weitere Verwaltungsbaracken standen an verschiedenen Stellen in Marl.

Das Barackenlager an der Römerstraße, von dem ein Teil noch kurz vor dem Kriegsende abgerissen und verbrannt wurde, war in einem schlechten Zustand, wie Oberst Newton, Offizier der Besatzungsbehörde, nach einer Besichtigung im November 1948 empört feststellte. Zu den Aufgaben der 1951 gegründeten Neuen Marler Baugesellschaft (Neuma) gehörte daraufhin ein Baracken-Beseitigungsprogramm. In 50 Wohnungen wurden deshalb 50.000 Mark investiert.

1956/57 errichtete die Stadt an der Römerstraße 44 Drei- und Vierraum-Wohnungen (rechts: Römerstraße 144). Mit Einbauküchen und Vollbädern betrug der Mietpreis 1,15 DM/qm. Gebaut wurde unter besonderen Schwierigkeiten, denn die alten Behelfsunterkünfte waren während der Bauausführung weiterhin bewohnt (Foto: 1957).

Hamm: Siedlung im Wald

Im Widerspruch zu den Entwicklungsplänen von Marl wurde in Hamm eine Siedlung angelegt, die im Industriebereich sowie östlich des Schachtes AV 3 und der Chemischen Werke lag. Die anderen Siedlungen wurden nicht in Windrichtung gebaut, standen also westlich und südlich der Zechen und des Chemiewerks. Der Name „Waldsiedlung" täuscht darüber hinweg, dass die Lage nicht in das Konzept passte: strikte Trennung von Wohnen und Arbeit, Vermeiden von Wohnungsbau im Windschatten von Großindustrie.

Der Essener Architekt Fritz Ferber entwarf die Waldsiedlung 1938, als AV weitere Mitarbeiter für Schacht 3 und für den Erzbergbau suchte. Aus dem erwirtschafteten Gewinn der Gewerkschaft Stein V (Erzschacht) flossen 20 Millionen Mark in den Wohnungsbau der Waldsiedlung, die eine Verbindung aus Wohnen, Garten und Wald für die Bergarbeiter bildete.

Später kritisierte der Stadtplaner Dr. Günther Marschall die Waldsiedlung als „hygienisch betrachtet eine Fehlplanung, die durch den Baumbestand innerhalb und am Rande dieses Wohngebietes allerdings gemildert wird". Inzwischen ist der Wald weitgehend verschwunden, er musste unter anderem Parkplätzen weichen.

Bis 1962 waren 1.258 Mietwohnungen und 858 Eigenheime gebaut worden (Foto: 1956, links Spechtstraße 1). 29 Jahre lang konnte sich Hamm, das bis 1975 eine selbstständige Gemeinde im Amt Marl war, auch ein Waldbad leisten. Ende 1995 musste es wieder abgerissen werden, weil die Stadt Marl es nicht mehr finanzieren konnte. Seit 1968 gibt es einen Haltepunkt der Bahnverbindung V9 (heute: S9) zwischen Essen und Haltern, seit 1996 sogar mit einem Aufzug.

Doppelgymnasium: ASGSG

Die Marler Rektoratsschule wurde 1938 zu einer Oberschule für Jungen, in der auch Mädchen koedukativ unterrichtet wurden, und zehn Jahre später getrennt in eine Jungen- und eine Mädchenoberschule. Im Mai 1950 erhielt die „Städtische Oberschule für Jungen in Marl-Hüls“ den Namen „Albert-Schweitzer-Schule“. 15 Jahre später wurde das Mädchengymnasium in „Geschwister-Scholl-Gymnasium“ umbenannt und aus der Oberschule für Jungen wurde ebenfalls ein Gymnasium.

1953 hatte die Stadt die Duisburger Architekten-Brüder Kurt und Heinz Conle mit dem Bau eines Doppelgymnasiums an der Hagenstraße in Drewer beauftragt. Die beiden hatten bereits zahlreiche Projekte in Marl verwirklicht, darunter 1.000 Wohnungen für die Neuma und eine Volksschule in der ECA-Siedlung. Der Essener Bildhauer Erwin Schutzbach schuf das 15 Meter hohe Relief „Phoenix“ für die Nordwand (Treppenhaus) der Jungenschule.

Der Komplex (Kosten: 5,8 Millionen Mar) konnte im Februar 1958 (Foto) eingeweiht werden. Am 7. Oktober 1959 kam der Namensgeber Albert Schweitzer persönlich in der Schule vorbei und löste damit ein viele Jahre zuvor gegebenes Versprechen ein. Zwei Schüler hatten ihn am Tag zuvor in Münster dazu überredet, auf seiner Fahrt nach Dortmund einen Umweg über Marl zu machen.

Die zunächst unterschiedlichen Profile der beiden Schulen (Naturwissenschaften und Sprachen) glichen sich im Laufe der Zeit an und in den 1990er-Jahren mahnte die Bezirksregierung, es mache keinen Sinn, zwei Schulverwaltungen in einem Gebäudekomplex vorzuhalten. Marl protestierte, doch sinkende Schülerzahlen brachten die Stadt zum Umdenken, 2010 wurden die beiden Schulen zusammengeschlossen (103 Lehrer für 1.600 Schüler). Der neue Name wurde ein Kompromiss: „Albert-Schweitzer-/Geschwister-Scholl-Gymnasium", allgemein als Akronym benutzt: ASGSG.

Brassertstraße: der Weg zur Zeche

Die Brassertstraße war die wichtigste Verbindungsstraße vom Zechentor in Richtung Alt-Marl. Sie blühte in den 1910er-Jahren zur Haupteinkaufsstraße des Ortsteils auf, hier siedelten sich die Geschäfte für die Zechenbelegschaft bzw. ihre Familien an (Foto: 1956; links: Buchhandlung Wystup, Brassertstraße 71).

Ursprünglich war es einmal ein unbefestigter Sandweg, von Buschwerk eingegrenzt, der sich vom Dorf zur Lippe hinzog und bei schlechtem Wetter fast unpassierbar war. Das änderte sich, als die Zeche die Übertageanlagen des Schachtes Brassert in Angriff nahm und 1906 der Wohnungsbau einsetzte. Ende des Jahres wurde der Grundstein für die ersten drei Beamten-Doppelhäuser gelegt. Amtmann Albert Barkhaus wollte die nur langsam wachsende Siedlung durch eine direkte Straße mit dem Dorf verbinden, doch der Gemeinderat lehnte das ab. Die

Menschen wollten ihre dörfliche Ruhe nicht einer neuen hektischen Betriebsamkeit opfern. Die 1910 gebaute Brassertstraße war eine Abzweigung von der Loestraße und führte über 7,6 Kilometer am Zechentor vorbei bis Sickingmühle. Zu dieser Zeit öffneten hier die ersten Geschäfte: Konsum, Hill, das Lebensmittelgeschäft Bredow und eine Bäckerei.

Namensgeber für Zeche und Straße war der Schöpfer des Preußischen Allgemeinen Berggesetzes Hermann Brassert (1820–1901). Dessen jüngster Bruder war mit der jüngsten Schwester von Paul Stein verheiratet. Paul Stein war von 1910 bis 1917 Vorsitzender des Grubenvorstandes der Gewerkschaft Brassert und schlug die Straßennamen vor.

Nur wenige Straßen in Marl sind in solchem Maße historisch: Sechs denkmalgeschützte Häuser (Nummern 85 bis 95) liegen hier ein Stück weiter auf der linken Seite nebeneinander.

Schillerstraße: optisch konstant

Auch eine Stadt, die ihr Gesicht rasant verändert, hat ihre konstanten „Ecken". Zwischen den beiden Bildern der Schillerstraße (rechts Zufahrt Hölderlinstraße, hier wurde 1964 ein Bowlingcenter eröffnet) liegen 65 Jahre (Foto links 1956), doch es gibt auf den ersten Blick kaum Unterschiede.

Die Schillerstraße (rechts: Nr. 78) gehörte Anfang des 20. Jahrhunderts zu den besonders wichtigen Straßen. Sie stellte eine Verbindung von der Brassertstraße zur Breiten Straße in Alt-Marl dar (das letzte Stück hieß bis 1974 Kirchstraße). Als 1913 eine protestantische Kirche gebaut werden sollte, wies die Gewerkschaft Brassert darauf hin, dass eine geplante Straßenbreite von fünf Metern nicht ausreichend sei. Die Bürgersteige waren je 3,50 Meter breit, die eigentliche Fahrbahn nur 3,80 Meter. Zu wenig, meinte die Zeche, für den durchgehenden

Verkehr sei eine Breite von 12 Metern notwendig. Die Gemeinde verwarf die Bedenken im April 1913: Es sei nicht anzunehmen, dass sich auf der Straße ein besonders reger Verkehr entwickeln werde.

In Absprache mit Philipp Rappaport, der für die Gemeinde einen Entwicklungsplan aufstellte, wurde 1921 erwogen, die Vorgärten zu entfernen und die Bürgersteige auf 2,50 Meter auf der östlichen und 2 Meter auf der westlichen Seite zu verkürzen.

Im Jahr darauf begann die Kirchengemeinde St. Georg mit dem Bau eines Krankenhauses an der Schillerstraße, im Oktober war es bis zur Kellerdecke fertiggestellt. Dann wurden die Arbeiten wegen der rapiden Geldentwertung eingestellt und die Steine auf Abbruch wieder verkauft. 1957 wurde mit dem Bau des Marien-Hospitals begonnen.

Hamm: Verwaltungsstelle

Neben der recht überschaubaren Gemeinde Marl gab es Mitte des 19. Jahrhunderts eine Gemeinde, die noch kleiner war: Hamm, das aus dem Dorf Hamm und den Bauernschaften Bossendorf, Herne und Sickingmühle bestand. Hamm lag in einer sehr sandigen Gegend zwischen der Lippe und der Haard. Die Bauernschaft Bossendorf besaß die älteste steinerne Kirche der hiesigen Gegend (teilweise schon aus dem 11. Jahrhundert).

Seit 1841 gehörte Hamm (neben Polsum, Altendorf-Ulfkotte und Marl) zum Amt Marl, von der Gemeindereform 1926 war Hamm nicht betroffen – es blieb 21 Quadratkilometer groß. Verwaltet wurde die Gemeinde vom Marler Amtshaus aus. Seit 1922 hatte sie eine Verwaltungsstelle in der Wirtschaft Albers, in der an drei Nachmittagen in der Woche ein Beamter während der üblichen Dienstzeit Sprechstunden abhielt. Erst 1947 gab es eigene Räumlichkeiten als Verwaltungsstelle (Foto: 1957, Bachackerweg 91). 1975 wurde die Gemeinde Hamm aufgelöst und der dicht besiedelte Teil wurde in die Stadt Marl eingemeindet, die dörflichen Teile einschließlich der Katharinenkapelle kamen nach Haltern.

Der Bergbau hatte die Einwohnerzahl sprunghaft anwachsen lassen: von 565 (1890) auf 12.180 (1975). Als der Schacht AV 3 auf Hammer Gebiet angelegt wurde, mussten neue Wohngebiete für die Bergleute gebaut werden und die Waldsiedlung Hamm entstand. Der rührige Bürgermeister Günther Eckerland (SPD), ab 1956 im Rat, später Bürgermeister von Marl und Bundestagsabgeordneter, war die treibende Kraft. 1999 wurde die Realschule Hamm nach ihm benannt.

Bergstraße: Kaufhaus der Mitte

Große Wohn- und Geschäftshäuser bildeten bereits Anfang der 1950er-Jahre den Rahmen für eine städtische Hauptstraße (Foto: 1952), sehr breit angelegt für eine autogerechte Stadt. Der Blick über die Bergstraße (rechts: Nr. 26) geht in Richtung Drewer/Alt-Marl. Der Gebäudekomplex auf der rechten Seite steht teils auf der alten Bachstraße, die einmal ihren Anfang an der Ecke Victoria-/Hülsstraße hatte und vor dem Loemühlenbach (unmittelbar hinter dem letzten Haus auf der rechten Seite) nach Norden schwenkte. Erst nachdem die Straßenverbindung nach Drewer gebaut worden war, wurde die gesamte Straße Bergstraße genannt und die Bachstraße erhielt eine rechtwinkelige Anbindung. Auf dem Bild ist sie vor dem letzten rechtsseitigen Gebäudekomplex zu erahnen.

Die großzügige Bauweise entsprach den Vorstellungen der Zeit: Straßen wurden für einen schnell wachsenden Autoverkehr gebaut, Fußgänger hatten sich dem unterzuordnen.

Sie erhielten dennoch breite Bürgersteige, schließlich umwarben Geschäftsinhaber sie als Laufkundschaft. Als sich das Abstellen von Autos im öffentlichen Raum wegen Platzmangels zu einem Problem entwickelte, entschieden viele Städte, Radwege offiziell als Parkflächen freizugeben.

Auf der linken Straßenseite stand das im Oktober 1951 eröffnete KDM (Kaufhaus der Mitte, Inhaber Kaiser und Ganz). Der Name klang nach großer Welt, nach „Kaufhaus des Westens" wie in Berlin. 1974 ging es in Konkurs.

Gegenüber (Bergstraße 22) bezog das Elektrizitätswerk (kurz: Eltwerk) 1952 Büroräume und wartete darauf, einige Jahre später in einen Sparkassen-Neubau zu ziehen.

Die „Persiluhr" an der Ecke zur Römerstraße wurde zunächst begrüßt, später aber als störend und überflüssig empfunden und wieder entfernt.

Bergstraße: offen für Geschäftshäuser

In der ersten Hälfte der 1950er-Jahre wurden die Akzente der Bergstraße (rechts: Nr. 21-23) in Hüls gesetzt. Als einzige durchgehende Ost-West-Verbindung für ganz Marl entwickelte sie sich zur Hauptverkehrsader der Stadt. Für den Straßenverkehr (Foto: 1955, VW mit „Brezel-Fenster“ und Straßenbahn, die an dieser Stelle die Straßenseite wechselt) war mehr als genügend Platz eingeplant worden.

Die beiden sich gegenüberliegenden Häuserkomplexe sind bis heute äußerlich nahezu unverändert erhalten. Doch links fehlt zunächst noch die Anschlussbebauung zur Haupteinkaufsstraße Hülsstraße.

Der Häuserblock links markiert die neue Fluchtlinie, an der sich 1956 ein Geschäftshaus orientiert. Darin nimmt die Kreissparkasse ihren Sitz, bevor ein Stück weiter mit der Stadtsparkasse ein 13-geschossiges Hochhaus als Landmarke für Hüls gebaut wird. 1975 werden Stadt- und Kreissparkasse 1975 vereint.

In der Mitte des historischen Bildes verdecken Bäume die vier zweigeschossigen AV-Häuser, die für Zechenbeamte gebaut worden waren und die später weichen müssen. Links im Vordergrund ist die Einmündung der Bachstraße zu sehen, die Werbeuhr ein Stück weiter markierte den Anschluss der Römerstraße.

Berufsschule: Entwicklung zum Kolleg

Bereits im Oktober 1905 hatte die Gemeindeversammlung beschlossen: „Mit dem 1. April 1906 anfänglich soll in hiesiger Gemeinde eine gewerbliche Fortbildungsschule eingerichtet werden." Es war der Vorläufer des heutigen Hans-Böckler-Berufskollegs.

Das Schulgeld wurde auf 1 ½ Mark halbjährlich festgelegt, Unterricht fand im Sommerhalbjahr sonntags und donnerstags, im Winterhalbjahr auch noch dienstags statt. Die Regierung in Münster genehmigte den Lehrplan und den Stoffverteilungsplan, und nun waren alle „nicht bloß vorübergehend beschäftigten gewerblichen Arbeiter (Gesellen, Gehilfen, Lehrlinge, Fabrikarbeiter) verpflichtet, am Unterricht teilzunehmen". Diese Schulpflicht endete mit dem 17. Lebensjahr. 1924 verpflichtete das Amt Marl alle unverheirateten Jugendlichen unter 18 Jahren zum Besuch der gewerblichen Berufsschule.

Im Januar 1938 wurde ein Neubau ins Auge gefasst, nicht weit entfernt vom heutigen Bahnhof. Baubeginn der Berufsschule an der Hagenstraße war aber erst im April 1951, zur Grund-

steinlegung kam auch Lona Böckler, deren Mann Namensgeber der Schule ist. Er war der erste Vorsitzende des Deutschen Gewerkschaftsbundes und zwei Monate zuvor verstorben. 1953 (Foto) war die Schule fertig.

In den folgenden Jahrzehnten wurde der Komplex immer wieder vergrößert und nutzte vorübergehend auch die Klassenräume der benachbarten August-Döhr-Schule (Volksschule an der Kampstraße). 1979 wurde sie zur Hans-Böckler-Kollegschule der Stadt Marl – Schule der Sekundarstufe II umgewandelt und 1993 in die Trägerschaft des Kreises Recklinghausen überführt. Mit dem Schuljahr 1998/99 wurde aus der Hans-Böckler-Kollegschule das Hans-Böckler-Berufskolleg.

Paracelsus-Klinik: „mit Stern"

Das erste Marler Krankenhaus bestand aus drei Baracken in Hüls, in denen 75 Patienten untergebracht werden konnten. Im April 1944 wurde es seiner Bestimmung übergeben. Nach dem Krieg gab es noch eine Reihe kleinerer baulicher Veränderungen, bevor der Rat der Stadt beschloss, ein neues Krankenhaus zu bauen. Die Überlegungen begannen bereits Ende 1947, dabei ging es zunächst um das richtige Baugrundstück (Lipper Weg oder am Steinernkreuz) und um Finanzierungsfragen.

1950 schrieb die Stadt Marl einen Wettbewerb für den Entwurf eines Krankenhauses mit 450 Betten aus. Die Grundsteinlegung fand am 29. Juli 1952 statt, die ersten drei von vier Bauabschnitten waren am 1. November 1955 fertiggestellt (Bild: Bettenhaus, Südseite).

Bereits einen Monat zuvor hatte es einen „Tag der offenen Tür" gegeben, zu dem 27.000 Besucher kamen. Das Foto aus dem Frühjahr 1955 zeigt die Rückseite des Bettentraktes, die Baracken waren nicht Teil des alten Krankenhauses, sondern die Büros der Bauleitung.

Bis zur Eröffnung waren 14,1 Millionen Mark verbaut worden. Die Paracelsus-Klinik erregte bundesweites Aufsehen, weil die Stadt beschlossen hatte, ein Prozent der Bausumme für künstlerischen Schmuck auszugeben. Aber nicht nur die Kunstfreudigkeit Marls wurde gelobt. Der „Spiegel" jubelte im Juli 1956, dieses Krankenhaus habe Chancen auf „Sterne im Baedeker", also eine gefragte Auszeichnung im Reiseführer.

1958 wurde ein fünfter Trakt gebaut, das „Infektionshaus", zu dem der gläserne Gang führt. 1986 kam ein Funktionstrakt hinzu, 2000 wurde der Klinikgarten erweitert und im Jahr darauf ein Parkhaus errichtet. 2005 wurde ein Facharztzentrum im Klinikpark fertiggestellt.

Loestraße: Wohnen wie in einer Kleinstadt

Blick von Norden in die Loestraße mit der St.-Georgs-Kirche am Horizont (Foto: Ende 1950er-Jahre). Auf der linken Straßenseite (Loestraße 26) befand sich das Textilgeschäft von Arthur Abrahamsohn. Er musste das Haus 1938 unter Druck an die Stadt Marl verkaufen, danach war es bis 1945 die Parteizentrale der NSDAP-Ortsgruppe. In dem Gebäude daneben (Loestraße 24) waren nach 1933 Büroräume der Amtsverwaltung untergebracht. Das anschließende Gebäude war seit 1912 das alte Postamt (Loestraße 22, gelbes Haus), später hatte die Kreissparkasse hier eine Hauptzweigstelle. Dahinter ist noch der gerundete Eckbau der „Gaststätte Weiß“ (Loestraße 20, ursprünglich „Gasthof zur Post“) zu erkennen, die mit Gesellschaftszimmer samt Klavier und einem Billardtisch warb.

Auf der rechten Straßenseite (Loestraße 35) stand ein um 1780 errichtetes Fachwerkhaus der Familie von Raesfeld, in der auch die Vestische Baugesellschaft mbH (1918) ihr Büro hatte. Ab Juli 1987 stand es unter Denkmalschutz, wurde aber im Februar 2014 abgerissen, weil die Bausubstanz nicht mehr zu retten war. Ein Stückchen weiter, in dem Haus mit Erker (Loestraße 29), bot Metzgermeister Puls seine Waren an.

Aus der einst belebten Geschäftsstraße ist im Laufe der Zeit eine Einbahnstraße geworden, die meisten Geschäfte sind verschwunden und mit ihnen schwand die Atmosphäre einer heimeligen Kleinstadt.

Feierabendhaus: Start als Kantine

Zur Verpflegung der CWH-Belegschaft wurde im August 1938 eine Kantinenbaracke an der Südpforte des Werkes aufgestellt, zunächst mit einem Pächter, ab Februar 1940 in eigener Regie. Bereits drei Monate später musste ein weiterer, provisorischer Speiseraum eingerichtet werden.

Am 14. Januar 1941 war die Grundsteinlegung zu einem am südwestlichen Rand des Chemiegeländes gelegenen Kameradschaftshaus, dem „Feierabendhaus" (Lipper Weg). Dafür kamen Reichsorganisationsleiter Dr. Robert Ley sowie zahlreiche führende Männer aus Partei, Wehrmacht, Polizei und Verwaltung. Der Festakt war Teil einer Feier zum zehnjährigen Bestehen des Gaues Westfalen-Nord mit 1.000 Gefolgschaftsmitgliedern. Bereits im Sommer desselben Jahres wurden hier Veranstaltungen angeboten, insbesondere kulturelle. Das Feierabendhaus stand auch den Marler Vereinen zur Verfügung. Es war sozialer Treffpunkt und hier wurden auch Schulungen in nationalsozialistischer Anschauung abgehalten.

Trotz erheblicher Kriegsschäden konnte es Ende 1947 schon wieder genutzt werden. Hier fanden Betriebsversammlungen, der Fechtländerkampf zwischen Deutschland und der UdSSR 1958, Politikerbesuche und Hochzeiten, Karnevalsfeiern und Kulturveranstaltungen statt (Foto: 1960er-Jahre).

1973 musste das Feierabendhaus wegen Bergschäden gesperrt und später abgerissen werden. Das Dach-Türmchen mit der Uhr stand noch lange als Erinnerung vor dem neuen Eingang. Die übrigen Gebäudeteile wurden für zehn Millionen Mark saniert. 1991 kam ein hörsaalartiger Anbau dazu (Informations-Centrum). 2001 wurde ein Hoteltrakt eröffnet und drei Jahre später wurden die Kegelbahnen (Pfälzer Stuben) aufgegeben. 2017 drohte wegen brandschutzrechtlicher Auflagen die Schließung. Die Modernisierung erforderte eine Millionen-Investition.

Sparkassen-Hochhaus: Richtfest

Stolz zeigte Bürgermeister Rudi Heiland im Juni 1956 seinem Gast, Bundespräsident Theodor Heuss, das Modell des geplanten Sparkassen-Hochhauses in Hüls (Bergstraße 8). Heuss wunderte sich: „Ich bin ja fürs Sparen, aber braucht man denn so viel Platz dazu?“ Heiland konnte beruhigen, der „Wolkenkratzer“ habe auch noch andere Aufgaben.

Dieses Hochhaus sollte in erster Linie eine Einrichtung beherbergen, die sich Marls Bürgermeister sehnlichst für seine Stadt wünschte: eine eigene Sparkasse. Anfang 1954 hatte der Stadtrat ihre Gründung bereits beschlossen, die Umsetzung machte dann aber Probleme. Schließlich wurde es ein „Sparkassenzweckverband Gelsenkirchen-Buer, Marl und Westerholt“. Doch die Landesregierung untersagte die Gründung. Erst als der frühere Marler Amtsdirektor Dr. Fritz Kassmann NRW-Minister für Wiederaufbau wurde, kam die Genehmigung unverzüglich.

Sitz der Sparkasse sollte ein 16-geschossiges Hochhaus an der Bergstraße werden, in dem auf sechs Etagen auch die Büroräume des Eltwerkes Platz hätten. Das rechne sich, so die Politikermeinung, wenn die Entwicklung weiter so schön nach oben zeige. Außerdem war noch Platz für eine Zweigstelle der Stadtbücherei und auf zwei Etagen für die Höhere Handelsschule.

Beim Baubeginn im Januar 1960 sah die Welt schon anders aus, im Mai 1961 war Richtfest (Foto) und als die Sparkasse im November 1962 einzog, hatte die Stadt bereits einen Teil ihrer Pläne eingestampft. Im Zuge der kommunalen Neuordnung 1975 wurden der Sparkassenzweckverband und die Kreissparkasse vereinigt und das Hochhaus erhielt den Schriftzug der Kreissparkasse.

Feuerwache: ein Seniorenzentrum

Als Anfang des 20. Jahrhunderts erneut die Gründung einer Freiwilligen Feuerwehr in Marl anstand, war das Interesse so groß, dass im August 1908 ein Aufnahmestopp verhängt werden musste: Mehr als 40 Mitglieder sollten es nicht sein, allein auf der Gründungsversammlung hatten sich bereits 50 Interessenten gemeldet.

Im 18. Jahrhundert hatte noch ein Schuppen in der Nähe der St.-Georgs-Kirche für die Unterstellung der Gerätschaften der Feuerwehr gereicht. Der wurde abgebrochen, als die Kirche 1856 abgerissen und vergrößert wurde. Der neue Standort wurde an die Kreuzung Hochstraße/Kaiserstraße (heute: Barkhausstraße) und später auf den städtischen Bauhof an der Riegestraße verlegt. Die neue Wache an der Wilhelm-Gustloff-Straße (heute: Garmannstraße Nr. 1-3) war 1938 fertiggestellt (Foto: 1963). An der Herzlia Allee wurde 1984

die 13,9 Millionen Mark teure neue Hauptfeuerwache einschließlich der Rettungswache eingeweiht. Hier zogen die hauptberuflichen Kräfte (Löschzug I) ein, und der Löschzug II (Freiwillige Feuerwehr Alt-Marl) übernahm die Räumlichkeiten in der Garmannstraße. Gleichzeitig wurde das 75. Jubiläum der Feuerwehr gefeiert.

Nachdem auch der Löschzug II zur Hauptfeuerwache umgezogen war, bot der Leerstand in der Garmannstraße jahrelang ein trostloses Bild. Eine 2009 geplante Handwerkerschule wurde nicht realisiert. Im September 2012 eröffnete nach einem kompletten Umbau ein Seniorenzentrum mit 79 Einzelapartments. Äußerlich blieben die alten Gebäudestrukturen sichtbar: die dunkelrote Backsteinfront mit den breiten Feuerwehrausfahrten und dem (jedoch gestutzten) Schlauchturm auf der Rückseite.

Die „insel“: ein geglücktes Wagnis

„Probleme der Zeit“ hieß die erste Arbeitsgemeinschaft, mit der der Aufbau einer Erwachsenenbildung im April 1946 in Marl begann. Damals noch im sogenannten Südlager des Chemischen Werkes. Neun Jahre später stand dem Volksbildungswerk ein moderner Neubau zur Verfügung. Deutschlands erstes volksschuleigenes Haus in kommunaler Trägerschaft wurde am 8. Januar 1955 eingeweiht. Damit stand Marl bundesweit als Vorbild da. Als Mitte 1956 Bundespräsident Heuss vorbeikam, um die Arbeit des Bildungswerks kennenzulernen, überzeugte er sich auch von der architektonischen Wirkung des Gebäudes. „In diesem Haus sind die innere Sinngebung und das architektonische Wagnis überaus geglückt“, schwärmte Heuss.

Die Bürger waren stolz auf die „insel“ (Eduard-Weitsch-Weg 25), wie das Gebäude nach einem Namensfindungswettbewerb getauft wurde. Von den 69 Vorschlägen der Marler hatte keiner überzeugen können und die Politiker entschieden sich für die Verwaltungsidee: „insel“.

Zunächst haderten die alteingesessenen Marler mit dem Neubau, der nicht in die münsterländisch geprägte Baulandschaft passte (Foto: 1960). Bürgermeister Heiland hatte bald nach Baubeginn überraschend die Arbeiten für ein konventionelles Gebäude eingestellt und einen neuen Architekten präsentiert, Dr. Günther Marschall. Dessen verschachteltes Flachdach-Ensemble schockierte kurzfristig und schlug dann in stolze Begeisterung um. Dazu kam das Engagement des VHS-Chefs Dr. Donnepp. Beides beeindruckte die Marler und die Bundesrepublik. 1964 führte er einen Maßstab für Fernseh-Qualität ein, den „Adolf-Grimme-Preis“.

Bei der Einweihung des ersten Bauabschnitts der neuen „insel“ im Marler Stern 1974 wurde auch ein neuer Name gesucht. Am Ende behielt sie den alten: Die „insel“ war zum Markenzeichen geworden.

Ernst-Reuter-Haus: der Jugendtreff

Die 1946 gegründete Volkshochschule der Stadt begann schon früh mit Weiterbildungsangeboten in den Stadtteilen. In Hamm wurde das Programm ab 1957 erweitert, insbesondere unter der engagierten Mitarbeit von Harald Berger, der die Außenstelle der „insel" bis zur Übernahme durch Ernst-Paul Rabe im Jahr 1963 leitete (Foto: 1965). Bevor am 30. Oktober 1960 der Neubau am Sperberweg 3 eröffnet wurde, waren die Hermann-Claudius-Schule und die Silvertschule die VHS-Anlaufstellen. Von der Eröffnungsfeier, zu der auch Hanna Reuter kam, die Ehefrau des 1953 verstorbenen Namensgebers, produzierte die „insel" eine Tonaufnahme. Die VHS hatte den Namen Ernst-Reuter-Haus vorgeschlagen, weil sich der Name „mit den Namensgebungen von Eduard Weitsch und Adolf Grimme zu einer traditionsverbundenen Ehrung großer Politiker und Kulturpolitiker" verbinde. „Ernst-Reuter-Haus" war

übrigens auch einer der nicht angenommenen Vorschläge für das Bildungswerk der Stadt gewesen.

Das Kurs-Programm des Hauses bereitete ein Kuratorium vor. In den folgenden Jahren etablierte sich die Einrichtung insbesondere als offener Jugendtreff und als AWO-Integrationsagentur. Hier gab es Ferienspaßaktionen und legendäre Aschermittwochs-Feiern der Marler SPD.

Im November 1974 kam Bundestagspräsidentin Annemarie Renger zu einem Gespräch mit dem insel-Arbeitskreis „Schaukelstuhl“ vorbei. 2002 investierte die Neuma 170.000 Euro in eine Modernisierung der Einrichtung.

Erlöserkirche: ein Kulturzentrum

Die Erlöserkirche (Schachtstraße 104) zählt zu den letzten Kirchenbauten des Architekten Otto Bartning, des bedeutendsten deutschen Kirchenbaumeisters des 20. Jahrhunderts. Bartning, der als Gründungsmitglied der Abteilung Baukunst der Akademie der Künste (Berlin) auch eng mit Hans Scharoun zusammenarbeitete (dem Architekten der nach ihm benannten Marler Schule), hatte ein Nachkriegs-Kirchenbauprogramm entwickelt. Für Marl entwarf er im Rahmen des Siedlungsbaus für Flüchtlinge und Vertriebene (ECA-Siedlung [ECA = Economic Cooperation Administration] aus Mitteln des Marshallplanes) eine Flügelkirche: ein rechteckiger Hauptraum, dem niedrigere Seitenflügel angefügt sind, die zum Altarbereich schmaler werden. Die hochrechteckigen Buntglasfenster steigen zum Altar hin an, die Altarwand wird

von einem Ziegelmauerwerk dominiert. Die Schleifladenorgel auf der Empore stammt von 1967. Baubeginn für die Kirche war im Juni 1956, Einweihung ein Jahr später, am 2. Juni 1957.

Bartning arbeitete mit dem jungen Architekten Otto Dörzbach zusammen, der den Entwurf für den Anfang 1960 fertiggestellten, freistehenden Turm aus Stahlbeton (32 Meter hoch mit vier sichtbar aufgehängten Bronzeglocken) schuf (Foto: 1962).

Im Juni 1993 wurde die Kirche unter Denkmalschutz gestellt, 2014 wurde sie entweiht. Der Heimatverein Marl kümmert sich seit 2015 um die ehemalige Kirche, um sie vor einem Abriss zu bewahren, und hat sie zu einem Kulturzentrum mit regelmäßigen Veranstaltungen (auch Trauungen) umgewandelt.

Haus Schnitzler: von Tabak bis Uhren

Es war ein Überbleibsel aus einer anderen Zeit. Das Fachwerkhaus Loestraße 3 markierte gemeinsam mit der schräg gegenüberliegenden Gaststätte den Eingang zu einer der wichtigsten Straßen von Alt-Marl. 1964 war seine Zeit vorbei, es wurde abgerissen.

In dem Haus soll es vorübergehend eine Unterklasse der Marler Schule gegeben haben, weil diese schon 1819 zu klein war. 1879 gründete die Familie Schnitzler einen Tabakhandel und erwarb das Haus. Später nahm die Familie diverse Kurzwaren, Uhren und Antiquitäten in ihr Angebot auf. Als der Uhrmacher Anton Schnitzler 1910 ein Schaufenster anlegen wollte, bekam er die Genehmigung nur gegen Abtretung eines Teils seines Grundstücks. 1914 wollte die Gemeinde die Straßenbahn von Marl nach Brassert durch die Loestraße

führen, Schnitzler sollte dafür einen weiteren Teil seines Grundstücks verkaufen. Doch die Forderungen des Uhrmachers wollte Marl nicht zahlen, die Gemeindevertretung entschied sich, die Straßenbahnschienen stattdessen in der Kaiserstraße (heute: Barkhausstraße) zu verlegen.

Anton Schnitzler gehörte nicht nur zu den Gründern des Heimatvereins, er war 1930 auch Vorsitzender des Kriegerdenkmalbauvereins Alt-Marl. Gleich hinter seinem Haus stand die Friedenseiche, die zudem das Ehrenmal für die im Ersten Weltkrieg gefallenen 270 Soldaten aus Marl war. Das neue Ehrenmal wurde 1931 an der Ecke Breite/Kirchstraße (heute: Schillerstraße) eingeweiht.

Polsum: im Schatten der Kirche

Die Häuser im Polsumer Dorfkern, mehr als 100 Jahre alt, schmiegten sich recht eng an die Kirche, von der links auf dem Bild noch eine Ecke zu sehen ist (Foto: 1964). Es war eine neuromanische Hallenkirche, deren Bau 1851 begonnen worden war. Bereits für 1271 wird eine Pfarrkirche für Polsum erwähnt, der Kirchturm soll aus dem 12./13. Jahrhundert stammen, dessen unterer Teil beim Kirchen-Neubau im 20. Jahrhundert erhalten blieb und der möglicherweise früher einmal ein Wachturm gewesen ist.

Die heutige Bartholomäus-Kirche, ein asymmetrisch-moderner Bau, wurde von dem Kölner Architekten Hans Schilling entworfen und nach zweijähriger Bauzeit am 24. August 1968 eingeweiht. Zwei Jahre lang blieb die alte Kirche noch bestehen, weil das Geld für den Abriss fehlte. Auf dem Kirchplatz ist die Position der kleineren alten Kirche mit dem Glockenturm an der Westseite noch zu erkennen. Der im Boden markierte Grundriss bewahrt die Erinnerung an die Vergangenheit.

Wer den Blick auf die Perspektive dieser Bilder konzentriert, spürt die jahrhundertealte Atmosphäre, die Nähe der Menschen untereinander und zu ihrer Kirche als Lebensmittelpunkt. Polsum hat etwas erhalten, das viele Menschen als „gute alte Zeit“ idealisieren, nachdem die weitläufigen, großzügigen Plätze, die vielerorts auch in Marl geschaffen wurden, nur noch als leere Fläche empfunden werden. Heute wird Enge nicht als Einengung gesehen, sondern mit Nähe und Gemütlichkeit verbunden.

Am Kopfende steht ein giebelständiges Ackerbürgerhaus (Kolpingstraße 10), erbaut um 1800, unter Denkmalschutz seit September 1986.

Hermann-Claudius-Schule: Dichterlob

Durch die ständigen Zuzüge von Bergleuten in Hamm änderte sich auch die früher rein katholische Bevölkerungsstruktur. Deshalb wurde eine evangelische Volksschule mit Turnhalle und Lehrschwimmbecken gebaut. Im September 1955 entschied sich die Gemeindevertretung von Hamm mit knapper Mehrheit für den Namen „Hermann-Claudius-Schule“.

Der Namensgeber (1878–1980) war Urenkel des Dichters und Journalisten Matthias Claudius (1740–1815). Hermann Claudius war von 1910 bis 1934 Volksschullehrer und nach seiner Frühpensionierung nach einem Motorradunfall freier Schriftsteller volkstümlicher Werke mit den Themen Natur, Arbeit und Freizeit. Warum sich die

Gemeindevertreter für einen Schriftsteller entschieden, dem eine Nähe zum Nationalsozialismus zugeschrieben wird und dessen Texte von der seriösen Literaturkritik nicht weiter rezipiert wurden, ist nicht überliefert. Er selbst notiert in seinen ausführlichen Tagebüchern seine beiden Besuche in Marl nur mit knappen Datumseinträgen. Das Schulbuch vermerkt am 18. Februar 1956, dass die bisherige Silvertschule I einen neuen Namen erhalten habe und dass Hermann Claudius sowie seine Frau deshalb nach Marl gekommen waren.

Am 15. August 1956 heißt es in der Schulchronik stolz: „‚Unser' Dichter Hermann Claudius ist soeben für sein lyrisches Schaffen in plattdeutscher Mundart und für Förderung der niederdeutschen Sache der ‚Klaus-Groth-Preis' verliehen worden." Zwei Jahre später kam Claudius noch einmal nach Hamm und schrieb selbst in die Schulchronik, dass er sich über den Besuch freue (Foto: 1960, Merkelheider Weg 21).

Später diente das Gebäude einige Jahre als Kernbereich der Musikschule, nachdem diese ihren Standort in Alt-Marl aufgegeben hatte.

Bahnhof Marl-Mitte: lange ersehnt

Kein Wunsch hat die Marler Geschichte länger begleitet als der nach einem eigenen Bahnhof. Dies begann schon 1904 und endete erst einmal 1968. Später fanden die Marler, dass das noch gar kein „richtiger" Bahnhof ist, was sie da bekommen hatten. Seitdem geht das Ringen weiter.

1904 befasste sich die Gemeinde bereits mit dem Bau einer Bahnlinie Essen–Buer–Marl–Haltern. Doch die Strecke und das Örtchen Marl waren zu unbedeutend, später verhinderten Finanzierungsschwierigkeiten (und andere missliche Umstände) die Realisierung. Dabei war ein Bahnhof in den 1920er-Jahren entscheidend für die Frage, ob Lehrer und Beamte eine Wirtschaftsbeihilfe bekamen. 1927 spekulierte man, wo in Marl idealerweise ein Bahnhof entstehen solle. Der Kompromiss, ein Bahnhof zwischen Marl und Hüls, wurde abgelehnt, weil das keiner Seite gerecht werde.

Zum Ende des Jahrzehnts legte Philipp Rappaport, Beigeordneter des Siedlungsverbandes Ruhrkohlenbezirk (SVR), das Konzept einer neuen Marler Mitte mit Bahnhof, Rathaus und

weiteren Gebäuden vor, das auch die Eisenbahndirektion Essen akzeptierte. Doch zu einer Umsetzung kam es nicht. Auch die konkrete Ankündigung von 1938, ein Bahnhof entstünde in der Nähe der Bergstraße, gegenüber einer Berufsschule und einem Krankenhaus, verschwand in der Schublade.

1960 versprach die Bundesbahn den Baubeginn eines Bahnhofs-Empfangsgebäudes in Marl-Mitte. Es sollte das eine Ende eines gewaltigen neuen Einkaufszentrums samt Wohnkomplex bilden, am anderen Ende war bereits das Rathaus im Bau. Erst im September 1968 wurde die Strecke eröffnet. Die Zeitung jubelte: „Jungfernfahrt durch das Amt wird zum Triumph-Zug."

Eigentlich habe Marl keinen Bahnhof, bemängeln Kritiker. Zu einem Bahnhof gehöre eine Weiche, die habe Marl nicht. Der Marler Bahnhof sei nur ein Haltepunkt. Alle Bemühungen der Stadt, die Bahn zu einer Aufwertung der Anlage zu bewegen, scheiterten: Die Nutzerzahlen rechtfertigten keine Investitionen.

Luftschutzbunker: hinter Wohnungen

Zum Schutz der Bevölkerung, in erster Linie der Belegschaft der Chemischen Werke und der beiden Zechen, wurden in den 1940er-Jahren in Marl unterschiedlich große Bunker in den Wohngebieten gebaut. Nach dem Kriegsende war ihr Abbruch kein Thema, weil die Angst bestand, Deutschland könne noch einmal von Krieg betroffen sein. So wurden sie einfach stehen gelassen, die städtische Entwicklung fand um sie herum statt.

In Brassert wurde der Marktplatz an der Brassertstraße unmittelbar nebenan gepflastert (Foto: 1977), im Frühsommer 1975 erhielt der Bunker noch einen hellen farblichen Anstrich. Ein angedachter Abriss wurde aus Kostengründen verworfen. Stattdessen realisierte die städ-

tische Wohnungsgesellschaft Neuma 1991 eine andere Idee: Sie setzte ein neues Gebäude mit 16 Wohneinheiten vor den Bunker. Um dadurch die Platzfläche für den Wochenmarkt nicht zu verkleinern, wogegen die Händler vorab protestierten, steht das Gebäude auf Stelzen, sodass die Fläche unter den Wohnungen weiterhin für den Markt nutzbar bleibt. Markant ist ein Aufzugturm, der abgesetzt neben dem Gebäude errichtet wurde.

Ähnlich wurde in Sinsen an der Ecke Bahnhof-/Gräwenkolkstraße verfahren, wo ein Bunker, der schon seit Langem von Musikern als Proberaumzentrum genutzt wird, nun von einem Neubaukomplex (30 Wohnungen) völlig verdeckt wird.

Marktplatz Hamm: von Bäumen dominiert

Obwohl der Marktplatz in der Waldsiedlung kaum baulich verändert wurde, vermittelt er nach 50 Jahren eine ganz andere Atmosphäre. Jetzt dominieren große Bäume.

Der Marktplatz ist eigentlich nur eine Ausweitung der Schwalbenstraße mit Geschäften auf der östlichen Seite (Foto: 1973, rechts: Nr. 34) und einem Kirchenzentrum gegenüber (Lutherkirche: erbaut 1960, als Marl 42.000 evangelische Christen hatte; 2015 entwidmet, als Marl noch 24.000 hatte). Hier entwickelte sich ein geschäftiges Leben. Der Platz diente als Aufstellfläche für Marktstände und als Veranstaltungsort für Feste und Aufzüge. Doch weil sich Geschäfte an vielen Stellen im Stadtteil ansiedelten und obwohl die Entwicklung eines

Einkaufszentrums als politisches Ziel propagiert worden war, wurde der Marktplatz nie zum Mittelpunkt. Im Westen wird Hamm von der Chemiezone begrenzt, im Norden von Lippe und Kanal, im Osten von den Naturflächen der Haard. Zur Gemeinde Hamm gehörte bis zur Kommunalen Neuordnung 1975 auch Sickingmühle, das ebenfalls kaum Ausdehnungsfläche besitzt. Außerdem gehörte Bossendorf dazu, das mit der Neuordnung Teil der Stadt Haltern wurde. Die gab im Gegenzug Flächen nördlich der Lippe an Marl ab (bis an die 1988 aufgegebenen Bahnlinie Haltern–Venlo, einschließlich eines dazugehörenden Bahnhofs). Der 3,58 Quadratkilometer große Stadtteil Marl-Hamm hatte Ende 2018 rund 9.400 Einwohner.

Feuerwache: ein großzügiger Neubau

In der Wiederaufbauphase nach dem Zweiten Weltkrieg plante Marl den Schritt zu einer Berufsfeuerwehr und schließlich auch den Bau einer kombinierten Feuer- und Rettungswache. Zunächst waren die Krankentransportfahrzeuge im Gerätehaus der Freiwilligen Feuerwehr an der Garmannstraße untergestellt. Franz Breloer, der Ende April 1967 seinen Dienst als Oberbrandmeister bei der Feuerwehr Marl antrat und Leiter der 18 hauptamtlichen Feuerwehrleute wurde, sollte eine schlagkräftige Berufsfeuerwehr aufbauen. Die hauptamtlichen Kräfte werden seither als Löschzug 1 geführt, die Freiwillige Feuerwehr als Löschzug 2 bis 6, je nach Stadtteil.

1969 gab es erste Überlegungen für einen Neubau, der neue Standort an der Herzlia Allee war schnell gefunden. Es gab eine großzügige Planung auf mehr als 5.728 Quadratmetern, im Februar 1981 war Baubeginn. Die Kosten beliefen sich schließlich auf 13,9 Millionen Mark,

davon 1,3 Millionen für die Rettungswache. Die Fahrzeughalle erhielt zehn Einstellplätze für Großfahrzeuge, die Rettungswache eine Halle mit sechs Plätzen für Rettungs- und Krankentransportfahrzeuge. Am 2. November 1983 wurde die neue Feuerwache in Betrieb genommen.

Wegen der wachsenden Stadt und der zunehmenden Aufgaben wuchsen Fahrzeugbestand sowie die Zahl der Geräte und der Feuerwehrleute. Gab es 1975 noch 38 hauptberufliche Feuerwehrmänner, so waren es 1990 bereits 54, zusammen mit den freiwilligen Kräften 356. Seit 1999 gibt es eine spezielle Höhenrettungsgruppe. Der Rettungsdienst wurde im Mai 2012 vom DRK übernommen, ebenso der Krankentransport.

Trogemanns Eck: mit Kino

Trogemanns Eck, benannt nach seinem Grundstückeigentümer, hat eine lange Vorgeschichte. Die Ecke war früher ein kleiner Platz, an dessen Ostseite (parallel zur Hülsstraße) der „Gasthof zur Post“ (Inhaber Josef Lechtenböhmer) stand. Darin wurde am 1. Juni 1907 eine Postagentur eingerichtet, aus der am 1. April 1908 das Kaiserliche Postamt 3 wurde.

1911 wurde der Platz vor der Wirtschaft als Marktplatz genehmigt. Die Geschäftsleute von Hüls wollten ihn herrichten. Im August 1911 erließ die Gemeinde dafür eine Marktordnung.

An der Südseite gab es ab 1900 die Germania-Lichtspiele (mit 290 Sitzplätzen), die wegen baulicher Unzulänglichkeit 1949 geschlossen wurden. Marl sei mehr als ausreichend mit Kinos versorgt, erklärte die Verwaltung. 1951 äußerte der Haupt- und Finanzausschuss

der Stadt Bedenken gegen ein neues Lichtspieltheater von Trogemann mit 615 Plätzen und zwei Ladenlokalen: Marl habe bereits vier Kinos (Deli-Theater in Hüls, Viktoria-Theater in Hüls, Mitspielstelle des Deli-Theaters in Drewer und Centraltheater in Brassert, zusammen 1.733 Sitzplätze) sowie ein neues Projekt, das Filmtheater im Theater der Stadt mit 900 Plätzen.

Im Oktober 1981 wurde das Modell eines „Hülsrings“ (Trogemanns Eck, Hülsstraße, Pastoratsweg) mit Geschäften und 83 Wohnungen vorgestellt, 1983 war Baubeginn des 40 Millionen Mark teuren Projektes. Es enthielt wieder ein Kino, das aber 2007 geschlossen wurde. In den folgenden Jahren gab es mehrfache „Wiederbelebungen“. Am 10. Januar 2019 eröffneten die „Loe Studios“, entkernt und umgebaut, als moderne Kinos wieder.

Literaturverzeichnis

Bogdal, Hermann: *Rote Fahnen im Vest*, 3 Bd., Bd. 1: Novembertage 1918 in Recklinghausen, Essen 1984

Brack, Ulrich (Hrsg.): *Herrschaft und Verfolgung. Marl im Nationalsozialismus*, Essen ^{3}2011

Bücker, Vera: *Durch die Nazifizierung der Rektoratschule zur Deutschen Oberschule. Kontinuität und Wandel der kommunalen Entwicklung in Weimarer Republik und Drittem Reich am Beispiel des Höheren Schulwesens in Marl* (Diss. Univ. Dortmund 1996), Herne 1998

Chmielecki [Stanislaus]: *Die Bevölkerungs-Entwicklung in Stadt- u. Landkreis Recklinghausen in den Jahren 1875–1910* (Diss. Univ.), Freiburg/Br. o.J. [1914]

Erwig, Heinz: *Katholisches Krankenhaus in Marl – Erfüllung eines alten Anliegens*, in: Das Marien-Hospital in Marl, Festschrift zur Einweihung am 9. Oktober 1961

Feuerwehr Marl (Hrsg.): *Feuerwehr Marl. Chronik 1887–1991*, Marl o.J. [1991]

Gawehn, Gunnar: *Kohle – Erz – Chemie. Die Geschichte des Bergwerks Auguste Victoria*, Bochum 2015

Geschäftsberichte der Gewerkschaft Auguste Victoria für die Jahre 1907 bis 1921, AA RE III 1929

Geschäftsbericht der Zeche Brassert für 1913, Westfälisches Wirtschafts-Archiv (WWA) Dortmund, WWA S7-180/3

Haunfelder, Bernd: *Die münsterischen Regierungspräsidenten des 20. Jahrhunderts*, Münster 2006

Hillenhinrichs, [Theodor]: *Die Entwicklung des Kohlenbergbaus im Raume Marl*, in: Seraphim, H.J. (Hrsg.): Großstadtbildung in Industriellen Entwicklungsräumen. Das Beispiel Marl, Köln-Braunsfeld 1960, S. 39–50

Jäger, Wolfgang: *Bergarbeitermilieus und Parteien im Ruhrgebiet. Zum Wahlverhalten des katholischen Bergarbeitermilieus bis 1933*, München 1996

Kath. Kirchengemeine St. Georg in Marl (Hrsg.): *Das Marienhospital in Marl*, Festschrift zur Einweihung am 9. Oktober 1961, o.O. [1961]

Kolb, Eberhard: *Rätewirklichkeit und Räte-Ideologie in der deutschen Revolution von 1918/19*, in: Neubauer, Helmut (Hrsg.): Deutschland und die russische Revolution, Stuttgart 1968, S. 94–110

Kordes, Matthias: *Praxis der jungen Demokratie. Vier Wahlen des Jahres 1919 in Recklinghausen*, in: Vestische Zeitschrift. Zeitschrift der Vereine für Orts- und Heimatkunde im Vest Recklinghausen, Bd. 108 – 2019/20 (2020), S. 265–291

Lilla, Joachim: *Leitende Verwaltungsbeamte und Funktionsträger in Westfalen und Lippe (1918–1945/46). Biographisches Handbuch*, Münster 2003

Lowinski, Heinrich: *Städtebildung in industriellen Entwicklungsräumen untersucht am Beispiel der Stadt und des Amtes Marl*, Recklinghausen 1964

LUCAS, ERHARD: *Märzrevolution 1920*, Frankfurt a.M. 1973
MADYNSKI, HELMUT: *Marl – Frühgeschichte bis 1914*, Marl 1993
MADYNSKI, HELMUT: *Marl – von 1914 bis 1974*, Marl 1994
[o.V.:] *Festwoche der Stadt-Werdung Marls vom 26. Sept. bis 4. Okt. 1936*, Marl [1936]
[o.V.:] *Marl. Geburt einer Großstadt*, Hamburg o.J. [1957]
NIGGEMANN, [OTTO]: *Geschichte und Entwicklung des Amtes Marl*, in: Festschrift VSWM, Verkehrs- u. Sport-Woche Marl 26. April – 3. Mai 1925, S. 9–19
PYTA: WOLFRAM: *Dorfgemeinschaft und Parteipolitik 1918–1933. Die Verschränkung von Milieu und Parteien in den protestantischen Landgebieten Deutschlands in der Weimarer Republik*, Düsseldorf 1996
REININGHAUS, WILFRIED: *„Darum wählt!" Die ersten demokratischen Kommunalwahlen in Westfalen und Lippe 1919*, Münster 2019
ROHE, KARL: *Vom Revier zum Ruhrgebiet. Wahlen, Parteien, Politische Kultur*, Essen 1986
RUPPERT, KARSTEN: *Der Politische Katholizismus im Rheinland und in Westfalen zur Zeit der Weimarer Republik*, in: Düwell, Kurt / Köllmann, Wolfgang (Hrsg.): Rheinland-Westfalen im Industriezeitalter Bd. 3, Vom Ende der Weimarer Republik bis zum Lande Nordrhein-Westfalen, Wuppertal 1984, S. 76–97
SCHÄFER, HEINRICH: *Bilder aus der Geschichte Marls. Ein Heimatbuch für Schule und Haus*, Marl 1966
SCHMIDT, PETER: *Die Revolutionszeit in Stadt und Amt Recklinghausen. Von der Revolution im November 1918 bis zum Kapp-Lüttwitz-Putsch im März 1920*, in: Vestische Zeitschrift der Vereine für Orts- und Heimatkunde im Vest Recklinghausen, Band 76 (1977), S. 66–122
SCHNEIDER, CHRISTIAN: *Der Kreis Recklinghausen 1850–1910*, Münster 1911
SCHÜPP, NORBERT: *Von Dörfern zur Stadt. Marl, Amt und Stadt im Veste Recklinghausen* (Diss. Mannheim 1963)
SERAPHIM, H.J. (HRSG.): *Großstadtbildung in industriellen Entwicklungsräumen. Das Beispiel Marl*, Köln-Braunsfeld 1960
SPD 40 Jahre SPD Ortsverein Marl 1913–1953, Marl o.J. [1953]
SPD Marl 1912–1962, Festschrift 50-Jahr-Feier der SPD in Marl o.J. [1962]
SPD 75 [Jubiläumsschrift], Marl 1987
SPETHMANN, HANS: *Zwölf Jahre Ruhrbergbau 1914–1925*, 5 Bde., Berlin 1928–1931
TAMPKE, JÜRGEN: *Die Sozialisierungsbewegung im Steinkohlenbergbau an der Ruhr*, in: Mommsen, Hans / Borsdorf, Ulrich (Hrsg.): Glück auf, Kameraden! Die Bergarbeiter und ihre Organisationen in Deutschland, Köln 1979, S. 225–248
Verwaltungsbericht des Amtes Marl und der Gemeinden Stadt Marl, Hamm, Polsum und Altendorf-Ulfkotte 1.5.1945–31.12.1952, Marl o.J.

Verwaltungsbericht des Amtes Marl und der Gemeinden Stadt Marl, Hamm, Polsum und Altendorf-Ulfkotte 1.1.1959–31.12.1962, Marl 1963
WIESE, OTTO: *Der Eingemeindungskrieg 1921–1926*, in: Vestischer Kalender 1927, S. 49–51

Zeitungen

Marler Zeitung (Stadtarchiv Marl)
National-Zeitung (Vestisches Archiv Recklinghausen)
Volksfreund (Vestisches Archiv Recklinghausen)
Volkszeitung für das Amt Marl (Vestisches Archiv Recklinghausen)
Westfälischer Beobachter (Stadtarchiv Marl)

Archivalische Quellen

Landesarchiv NRW Rheinland, LAV NRW R (Duisburg)
Landesarchiv NRW Westfalen, LAV NRW W (Münster)
Vestisches Archiv Recklinghausen (Amtsarchiv)
Stadtarchiv Marl

Bildnachweis

Sammlung Volker Sawitzki: S. 24, 26, 28, 30, 32, 60, 88;
Montanhistorisches Dokumentationszentrum (montan.dok) beim Deutschen Bergbau-Museum Bochum 024902394000: S. 48;
Franz Karl Klose © LWL-Medienzentrum für Westfalen: Einband-Rückseite links;
alle weiteren historischen Fotos stammen aus Privatbesitz, alle aktuellen Aufnahmen wurden von Christian Schiltz angefertigt.

Einband vorne: Sparkassenhochhaus in Hüls 1960 und heute.
Vorsatz: Luftbild von Alt-Marl um 1936: Die Bebauung drängt sich noch um die Kirche.
Einband hinten: AV-Höchstdruckkraftwerk an der Victoriastraße, 1939 in Betrieb genommen und 1982 gesprengt. Vorne links die Kaue, dahinter das Kesselhaus und drei Kühltürme (Foto: 1961).

Über die Autoren

Gert Eiben, geboren 1947, volontierte nach dem Abitur im Zeitungshaus Bauer (Recklinghausen), studierte Volkswirtschaft und Publizistik in Münster und arbeitete bei verschiedenen Zeitungen. In seiner Zeit als Leiter der WAZ-Lokalredaktion Marl von 1993 bis 2007 faszinierten ihn ungeklärte Fragen der kurzen Marler Historie. Seit einem Studium der Kunstwissenschaft und der Geschichte (M.A.) an der Universität Duisburg-Essen gilt sein Interesse insbesondere den politischen Aspekten der Marler Geschichte. Er schrieb Darstellungen zum Marler Finanzskandal von 1965, zu Straßennamen als Instrument der Politik, zur Bedeutung der Marler SPD in der Weimarer Republik und zu den historischen Hintergründen aktueller Themen.

Christian Georg Wilhelm Schiltz, geboren 1981 in Herten, wuchs in der Bereitschaftssiedlung in Marl-Drewer auf. Heute lebt er mit seiner Familie in Marl-Brassert. Nach der Erzieherausbildung am Hans-Böckler-Berufskolleg folgte das Studium der Sozialen Arbeit an der Universität Duisburg-Essen. Neben seinem Beruf als Sozialarbeiter spielt er leidenschaftlich Schlagzeug in zwei Bands. Seit Pandemiebeginn im Frühjahr 2020 intensivierte sich ein weiteres Hobby, das Fotografieren. Er beschäftigt sich seitdem mit Vergleichsfotografien von verschiedenen Orten seiner Heimatstadt Marl.

Impressum

Sutton Verlag GmbH
Arnstädter Straße 8
99096 Erfurt
www.suttonverlag.de

Copyright © Sutton Verlag, 2023
ISBN: 978-3-96303-403-9
Druck: Florjančič Tisk d.o.o. / Slowenien
Gestaltung und Herstellung: Sutton Verlag

In diesem Buch wird aus Gründen der besseren Lesbarkeit das generische Maskulinum verwendet. Weibliche und anderweitige Geschlechteridentitäten werden dabei ausdrücklich mitgemeint, soweit es für die Aussage erforderlich ist.

Sollte dieses Werk Links auf Webseiten Dritter enthalten, so machen wir uns die Inhalte nicht zu eigen und übernehmen für die Inhalte keine Haftung.

© OpenStreetMap-Mitwirkende

1 Seite 8
2 Seite 10
3 Seite 12
4 Seite 15
5 Seite 16
6 Seite 18
7 Seite 20
8 Seite 22
9 Seite 24
10 Seite 26
11 Seite 28
12 Seite 30
13 Seite 32
14 Seite 34
15 Seite 36
16 Seite 38
17 Seite 40
18 Seite 42
19 Seite 44
20 Seite 46
21 Seite 48
22 Seite 50
23 Seite 52
24 Seite 54
25 Seite 56
26 Seite 58
28 Seite 62
29 Seite 64